人生100年時代を生き抜く子を育てる!

個別最適化の教育

上越教育大学教職大学院
教授
西川 純

学陽書房

まえがき

私が高校生だった頃の進路選択は比較的単純でした。「中卒より高卒、高卒より大卒、同じ高卒・大卒だったら、偏差値の高いほうが高収入」というモデルが成り立っていました。だからとりあえず勉強して偏差値を上げることを考えればよかった。ところがいまは違います。「将来安泰」な職業がわからなくなりました。したがって、「将来安泰」な進学先もわからなくなったのです。

私が高校生の頃は歯科医が人気の職業でした。歯科医になれば高収入が保証されました。だから歯学部は人気でした。ところが現在の歯科医の年収はサラリーマンレベルです。それは当時に比べて歯科医の人数が3倍になったからです。患者の数は横ばいなので、単純計算で収入は3分の1になります。

同様に弁護士の収入もサラリーマンレベル、もしくはそれ以下です。新司法制度によって合格者が増えたからです。医師にも同じことが起こるでしょう。

さらに言えば、現在の医学はエビデンスベースの診断なので、いずれ、人工知能が多くの部分を代替します。医師が人工知能を利用すれば、いまの数十倍の患者を担当することも可能です。サラリーマンの中間管理職も人工知能に置き換わり、多くの人は一生涯平社員や非正規雇用の人生を歩むことになります。公務員も安穏としていられません。人口減少の結果、自治体自体が消滅し、公務員も激減します。

年金制度が開始されたときの日本人の寿命は65歳程度でした。つまり、年金を受け取るのは5年程度だったのです。いま、年金支給は65歳からになりましたが、日本人の寿命を考えればいずれ支給開始が80歳になることも考えられます。その一方で、企業はこの10年で3割が倒産し、20年で半分が倒産しています。今後の企業の寿命はさらに短くなるでしょう。

このような未来予想図の中で、皆さんはお子さんにどのような就職先、進学先を勧めますか?

本書はそれに応えるものです。簡単に言えば、確実に安定の望める未来はないのです。何かにすがるのではなく未来を自ら生み出し続けなければなりません。それを実現するのが**個別最適化された教育**なのです。

経営学で有名なドラッカーは「創造する経営者」において未来を予測する方法を二つあげています。その第一は「経済や社会の不連続性の発生と、そのもたらす影響との間の時間的な差を発見し、利用すること。すなわち、『すでに起こった未来を予期する』こと」と述べています。

時代の変化は既に進行しており、それは教育に影響を与えています。その動きを延長すれば未来が見えてきます。ただ、すでに起こったことをもとに未来を予期するには、時代の流れを知っていなければなりません。それを知らなければ、どれが未来につながる予兆なのかを見いだせないからです。本書は、それを理解していただくための本です。

では始めましょう。

上越教育大学教職大学院教授
西川　純

第2章 今日から学校現場で可能な個別最適化の教育！

第3章 こうすれば実現できる個別最適化の学び

第4章 現行の法令のもとでも個別最適化の教育は可能だ

第5章 個別最適化を実現する未来

理想の学校とは……137

第1章

いま
求められている
個別最適化された
教育！

これまでの教育では乗り越えられない時代が始まる！

いま、高校・大学を卒業した生徒・学生の3分の1以上が非正規雇用（年収平均約170万円）になっていることを知っていますか？（総務省、就業構造基本調査、平成29年版）

就職した高校生、大学生は3年以内に3割以上離職する現状を知っていますか？（厚生労働省「新規学卒者の離職状況」平成30年10月発表分）。

こんなことが起こるのはなぜでしょうか？　一言で言えば、社会が求めている能力を学校教育が育てていないからです。

多くの人は「中卒より高卒、高卒より大卒、同じ高卒・大卒だったら、偏差値の高いほうが高収入」というモデルを信じています。だから、「とりあえず高校」「とりあえず大学」と考え、偏差値の高い学校を目指します。しかし、学歴は我が身、我が子の将来を保証しません。これからは学歴ではなく、何を学んだかという学習歴や即戦力であることが日本でも求められます。

では何を学ぶべきか？　その鍵が**「個別最適化された教育」**なのです。

Society 5.0 とはどんな社会なのか？

これからの教育の世界を語るときに、**Society 5.0** という言葉が使われるようになりました。狩猟社会（Society 1.0）、農耕社会（Society 2.0）、工業社会（Society 3.0）、情報社会（Society 4.0）に続く社会が Society 5.0 です。

AIやビッグデータやロボットを使いこなすことが当たり前になり、いままで人間がしてきた仕事をそれらが代わってこなしてくれるようになる社会。テクノロジーによるネットワークの進化で、人や社会や経済のつながりがよりグローバル化し、人の移動がより流動化する世界。そして、いままでの仕事に代わって、人間が何をするようになるのかが未知数で見えない近未来の社会。それが Society 5.0 のイメージです。

そして、いまの子どもたちは確実に、Society 5.0 の社会で社会人となり、いままでになかったような仕事を選び、誰もまだ想像もしていないような仕事を生み出して生きていくことになります。

文部科学省はSociety 5.0に向けた人材育成に係る大臣懇談会を立ち上げ、平成30年6月に「Society 5.0に向けた人材育成～社会が変わる、学びが変わる～」をまとめました。

また、経済産業省は平成30年6月に『「未来の教室」とEdTech研究会第1次提言』をまとめました。

その両者においてSociety 5.0の教育は個別最適化された教育であるとしています（ただし、文部科学省では「公正に個別最適化された学び」と表現し、公正という文言が付けられています。その意味は第2章に書きます）。

これからの社会はこう変わる

明治維新以降、日本は必死になって工業化してきました。工業化社会は、一定の品質の商品・サービスを安く大量に生産することに特化した社会です。そのためには「規格化」「分業化」「同時化」「集中化」「極大化」「中央集権化」が社会のコードとなります[i]。

「規格化」とは製品の品質・形状・寸法などを一定の規格に合わせて統一することが「よいことだ」という考え方です。それらがバラバラでは効率よく生産できません。「分業化」とはそれぞれの人が専門を持ち、それに特化した能力を高めることは「よいことだ」という考え方です。「同時化」とは関係する作業の進行を同期させることは「よいことだ」という考え方です。「集中化」や「極大化」は資本や人材を集中させることは「よいことだ」という考え方です。「中央集権化」はその意思決定を一部に集約することが「よいことだ」という考え方です。大工場をイメージしてください。これらが保たれるとき、一定の品質の商品・サービスを安く大量に生産できます。

この工業化社会では、同じコードの人材を求め、そのような人材を教育によって養成します。学習指導要領という規格があります。教科別にわかれた教師によって教えられます。時間割によって同期させています。小規模の学校は合併します。文部科学省や都道府県教育委員会が教育を統制しています。このような工業化社会の教育に関して日本は大成功しました。国際学力調査では日本は常にトップレベルです。

ところがこれからは、日本は工業化社会として生きていけません。

工業製品はやがてコモディティ化（日用品化）します。そうなれば製品の質の差はなくなります。そうなると価格の勝負になり、人件費の安い新興工業経済地域（ＮＩＥＳ）、発展途上国との競争に負けてしまいます。日本の製造業が弱くなり、ＮＩＥＳの企業に買収される例が少なくないのは、これが原因です。

日本が生き延びるには脱工業化社会に移行しなければなりません。それがSociety5.0です。Society5.0は工業社会の「一定の品質の商品・サービスを安く大量に生産する」とは真逆で、個別最適化（多少高くて、時間がかかっても、一人ひとりの好みや必要性にフィットする）した商品・サービスを生産する社会なのです。これだったら人件費が高い日本も勝負できます。

Society5.0では「デファクトスタンダード」「プロシューマ」「24時間化」「分散化」「ミニチュア化」「分権化」が社会のコードになります。「デファクトスタンダード」「プロシューマ」「24時間化」「分散化」「ミニチュア化」「分権化」の意味は、先の「規格化」「分業化」「同時化」「集中化」「極大化」「中央集権化」の逆だと理解してください。

Society5.0の社会では、Society5.0にフィットする教育が必要なのです。そ

の社会では一人ひとりがオンリーワンの何かを持っていることが重視されます。ただし、それは多くの人にとって価値あるものでなくてもよいのです。個人（もしくは小集団）が自らの意思で思い思いの時間と場所で働きます。

個別最適化された教育

たとえば、フィールズ賞（数学のノーベル賞と考えてください）を狙える子どもがいたとします。その子はみんなと同じように枕草子を学ぶべきなのでしょうか？鉄棒の逆上がりをするべきなのでしょうか？　そのような子は小学校から、いや、それ以前から数学の専門書を読み、最先端の数学研究室のゼミに参加すべきだと思います。

そこまで極端な例でなくとも、皆さんも「こんなことを勉強する必要はない！」と思ったことはありませんか？　たとえば、高校3年生の時を思い出してください。国立大学を志望する人だったら、入試科目以外の時間は無駄だと思いませんでしたか？私立文系を志望するならば、国語、社会、英語以外は無駄だと思いませんでしたか？

いや、その3教科であっても授業時間が無駄であり、それより受験用の問題集を解きたいと思いませんでしたか？　それが許される教育が個別最適化された教育の姿なのです。

早期の職業選択がしにくい日本の教育

個別最適化された教育に対して、多くの人は引っかかるものがあると思います。

第一に、高校3年生なら個別の進路に応じた勉強をするのはわかるけれども、小学生や中学生の時代から自分の職業を決めて、それだけに特化して学ぶことは危険ではないかと思われる方もおられるでしょう。

しかし、いまの教育は本人の意向にかかわらず、ある一つの方向に特化することを強いていると思いませんか？

「中卒より高卒、高卒より大卒、同じ高卒・大卒だったら、偏差値の高いほうが高収入」というモデルの中で、誰しもが東京大学法学部・医学部を頂点とする受験レースに参加を強いられているのです。

ところが、圧倒的大多数の子どもは脱落し、中途半端とされる高校や大学を卒業します。その結果、冒頭でお伝えしたようにまともに就職することもできないのです。罪が重いと思いませんか？

日本の圧倒的大多数の子どもが普通科高校に進学し、普通科の生徒の進学先の多くが大学です。

実は、このような単純な学校体系をしている先進国は多くはありません。多くの先進国は中学校卒業時に職業選択を意識し、それぞれの職業選択に合うような進学先・進路が用意されており、そうした進路をそれぞれ選んで進学しているのです。

「基礎的・基本的学力」の幻想を捨てよう

多くの方は、「それでも、基礎的・基本的な学力を保証しなければならない」と思っておられると思います。

しかし、断言しますが、**何が基礎的・基本的な学力であるかを示す学術データはどこにもありません。**では、学習指導要領はどのように定められているかと言えば、「有識者」がそれぞれの立場で「これは必要」と主張したものの集積であり、妥協の産物なのです。

なぜ妥協の産物になってしまうのかといえば、何かを学ぶことはたいていの場合、よいことだからです。各分野の有識者が「これは必要」と指し示す内容はそれなりに正しいものです。しかし、際限がありません。

第3章に詳しく書きますが、学習指導要領を正しく読み、教師が与えられた裁量権を主体的に行使するならば、学習指導要領は柔軟性を持って指導できるような内容になっています。そして、裁量権の多くを子ども一人ひとりに任せるならば、学習指導要領に基づき一人ひとりの子どもに個別最適化された教育を実施し、個性的な人材を育成することができます。

しかし、学習指導要領ではなく、教師用指導書や教科書に従うならば、それらは時間数いっぱいになるまでの内容を積み上げてしまっています。結果として、個別最適化する余地は全くなくなるのです。そして、金太郎飴みたいな人材が養成され、高卒・大卒の3分の1以上が非正規雇用になっているのです。

では、だれが学ぶべきものを決めるべきでしょうか？

それは本人であり、保護者です。

おそらく、本人や保護者が選べるようになれば多くの子ども・保護者は、いまの小学校で学ぶように決められていることを学ぶことを選択するでしょう。しかし、全員ではありません。

また、選べるのであれば、大多数の子ども・保護者が選択する、いまの中学校で学ぶべきとされる物事の量はぐっと少なくなるでしょう。そして、いまの高校で学ぶべきとされていることの中で、大多数の子ども・保護者が選ぶものはほとんどないでしょう。

私は保護者に対して、小中高の各教科が大人になってからの社会生活・家庭生活で役立ったかを調査しました。「役立った」という回答の割合は、驚くほど低いのが現実です[ii]。そして、同様の調査を教師にも実施しましたが、教師も同じような回答だったのです[iii]。

実は「確固とした基礎的・基本的な学力」というものが存在しないということは、みんな知っていることなのです。

公教育という巨大組織の呪縛から逃れられる場所とは

破壊的イノベーションこそが真の改革となる

文部科学省や都道府県教育委員会がSociety5.0に向けた教育改革の案を提案しています。しかし、それについて私は「全く」期待していません。慌てて説明を付け加えるならば、それは文部科学省や都道府県教育委員会が無能であるからではありません。逆に、文部科学省や都道府県教育委員会が極めて有能だからです。

クレイトン・クリステンセンによれば改革には二つあります。「持続的イノベーション」と「破壊的イノベーション」です[iv]。

持続的イノベーションは現在の顧客の求めるものの性能を高めるイノベーションで

す。破壊的イノベーションとは現在の顧客が求めるものの性能を低めるが、それゆえに新たな顧客を生み出すイノベーションです。

真に状況を変えることができるのは「破壊的イノベーション」です。「持続的イノベーション」をいくら積み上げても真の改革にはなりません。

日本の教育改革は持続的イノベーションに陥っています。

工業化社会の教育でもっとも大事にしているものは、「基礎的・基本的学力の保証」です。工業化社会の「規格化」のコードです。だから、個別最適化した教育が必要だと言っても、「でも、これは教えなければ、あれも教えなければ」と考えてしまうのです。

しかし、これは教師、教育行政ばかりではなく、いまの圧倒的大多数の顧客、即ち子どもと保護者のニーズです。文部科学省や都道府県教育委員会は、いまの教育に責任を負っています。だから、有能な文部科学省や都道府県教育委員会は、その顧客の期待を裏切らないし、裏切れないのです。

文部科学省が「個別最適化」という言葉を使うとき「**公正に個別最適化された学び**」という言葉を使います。「公正に個別最適化された学び」とは、基礎的読解力、数学的思考力などの基盤的な学力や情報活用能力を全ての児童生徒に習得させる学びであり、具体的には教科書の内容の確実な習得なのです。

つまり、公正であるか否かを判断しているのは子どもではないのです。そして基礎的・基本的な学力などは幻想なのですから際限なく拡大し、子ども自身が公正だと判断する個別最適化された学びの入り込む余地はありません。

考えてみてください。いまのように月曜日から金曜日まで時間割が詰まっている状態で、個別最適化した学びが入り込む余地がどこにありますか？

保護者や子どもたちの選択が新しい教育を生み出していく

新たな教育が生まれる土壌は、現在の教育にもっとも不満をもっている人たちだと思います。それは不登校、特別支援、ギフテッド（ある分野の天才）の子どもとその保護者です。彼らは個別最適化した教育をもっとも求めている人たちです。現状の学校ではこの子たちに適した教育がなかなか受けられない。だから、あえて苦労しても、新たな教育にトライする人たちだと思います。こうした保護者や子どもたちの選択が新しい教育を生み出しつつあります。

たとえば、N高等学校という学校をご存じでしょうか？

角川ドワンゴ学園がN高等学校という広域通信制高等学校を2016年に設立しました。そこでの教育についてはN高等学校のホームページを参照してください。多種多様な学びを提供しています。

個別最適化した教育にもっとも近い学校の一つです。

N高等学校とは通信制の高等学校です。ただ、いままでのイメージにある、与えられた課題を家でやるという通信制ではありません。各自が学びたい内容を自分で選んでいくというものです。

まず、教えてくれる相手が多様です。プログラミングであれば実際に働いているプロが教えてくれます。他にも声優、アニメーターなどの専門家もそろっています。各教科にもプロの講師が配置されています。

もちろん担任はいますので進路のサポートもしてくれます。

さらに実際に企業で働きながら学ぶインターンシップも充実しており、働くことに関しても自分から学んでいくことができます。先に紹介したプロの講師は子どもたちを指導していく中で、優秀な子どもをリクルートできるというメリットもあるでしょょう。企業と学校がWin-Winの関係なのです。

さらに、インターネットを介した部活動もあります。必要があれば仲間とネット上やリアルな場所でつながり、活動することができます。

また、全国にある教室で学ぶことが可能です。その頻度も自らが決めることができます。教師のもとに集まり授業を受けるとしても、教師によるトーク＆チョークの授業ではありません。一人ひとりが様々なツールを選ぶことができます。昔ながらの参考書や問題集で勉強する子もいます。ｉＰａｄでＮＨＫの教育番組を視聴する子もいます。また、ネット上の動画で勉強する子もいます。様々です。一緒にいる子が空間を共有し、わからないことがあると近くの子に聞きます。それは友だちの家に集まって夏休みの宿題を解決している様子のようです。Ｎ高等学校とは自分で自分の学びを選択できる場なのです。

注目すべきはN高等学校が学校教育法第1条に規定された1条校であることです。したがって、卒業すれば高等学校卒業の資格を得ることができますし、大学受験も可能です。１条校であるので学ぶ内容は学習指導要領に則っています。では、なぜＮ高等学校は学習指導要領を遵守しながら、これだけ多様な学びの個別最適化を実現したのでしょうか？　それは通信制高等学校だからです。

通信制の特例による自由

高等学校は学習指導要領に定められた時間数の授業をしなければなりません。1単位あたり週1時間の授業を年間35週受けなければならないのです。たとえば、新学習指導要領では数Ⅰは3単位の必修科目です。したがって、全国の高校生は高校1年の時間割には週3時間（3コマ）、数Ⅰが配当されます。したがって、105回の授業を受けなければなりません。その他の科目も同じ方法で時間割に当てはめると、月曜日から金曜日までびっしりと詰まった時間割になり、学びを個別最適化する余地がなくなります。

通信制高校で学ぼうとする生徒は実際に学校に行く「スクーリング」が困難です。そのためそれを減ずる特例があります。それが高等学校学習指導要領の総則の「通信制の課程における教育課程の特例」なのです。その特例を最大限活用すると授業時間を大幅に減じることができます。たとえば数Ⅰの場合、年間で50分の授業を1回受ければいいのです。

ビックリされたと思います。そして、規則の隙間をついた方法のように思われるかもしれません。しかし、これは通信制という特殊な教育を成り立たせるために考えられた特例なのです。もし、実際に教師と会うことを膨大に求めたら通信制はそもそも成り立ちません。

N高等学校はこの通信制の特例を最大限に活かし、個別最適化した教育を提供しているのです。その詳細を書くと一冊の本になるくらいです。ぜひ、ネットで調べてみてください。

残念ながら文部科学省は義務教育段階での通信制を認めていません。しかし、法的には何らの問題もありません。それが証拠に、平成17年7月に「不登校児童生徒が自宅においてＩＴ等を活用した学習活動を行った場合の指導要録上の出欠の取扱い等について（通知）」、また、平成30年9月に「小・中学校等における病気療養児に対する同時双方向型授業配信を行った場合の指導要録上の出欠の取扱い等について（通知）」において病欠児と不登校児の通信制を認めています。

ただし、大学通信制におけるサテライト告知（平成十五年文部科学省告示第四十三号（大学設置基準第二十五条第四項の規定に基づき、大学が授業の一部を校舎及び附属施設以外の場所で行う場合）とメディア告知（平成十三年文部科学省告示第五十一号（大学設置基準第二十五条第二項の規定に基づき、大学が履修させることができる授業等）と同様に一定の条件を課しています。ところが学校教育法等、高校と違って義務教育に関して学習指導要領（たとえばN高等学校で紹介した特例）で明確に規定していないため、これを活用する学校はほとんどありません。

しかし、卒業資格の得られる1条校にこだわる必要はありません。

角川ドワンゴ学園は広域通信制のN中等部を立ち上げました。これは1条校ではないため、ここで学ぶことによって中学校卒業は認定されません。しかし、それを気にする必要はありません。**現在、義務教育段階の場合、子どもは自動的に地域の小中学校に在籍することになります。そこに通学せずとも卒業することができ、小学校卒業、中学校卒業の資格を得ることができます**（余談ですが、私が最初に勤めた高校には、中学校3年間の通学日数が3日で中学校の課程を修了した子どもが入学してきました）。今後、広域通信制の小中学校が生まれるのは時間の問題でしょう。

通信制では生の人とのつながりを経験できないと言う方もおられるでしょう。しかし、いまの学校は生の人とのつながりの経験を十分に与えているでしょうか？　多くの子どもがクラスで話す子は数人程度で、1年間同じクラスでもほとんど話したことのない子が半数以上。そして、誰とも話せない子もいます。このような状態なのに、通信制に対してどれほどのアドバンテージがあるのでしょうか？

いまの子どもはネットを介してつながっています。通信制ではクラスという枠を超えて様々な子どもがネットを通じてつながることができるのです。

学校の破壊的イノベーションとは？

想像してください。

これだけ「やらなければならない縛り」が少なくて、そのぶん、多様な経験ができるうえに、受験勉強にも思い切り時間を使うことができ、年度末の大学合格ランキングで東京大学合格者のランキングで灘やラサールを広域通信制高校が凌駕したら…。

いままでにも名物校長が学校改革を行い、進学実績を驚異的に上げた学校がありす（たとえば京都の堀川高校）。しかし、その学校に通えるのは通学可能範囲の子どもたちに限られます。しかし、広域通信制であれば全国どこにいてもその学校の生徒になれます。通学範囲内に適当な進学先がない地域は日本にたくさんあります。たとえば、県庁所在地でない地方都市の医者の子どもが広域通信制を選ぶ可能性は高いと思います。

２０１９年の夏の終わりには「トライ式高等学校」のテレビＣＭも始まり、通信制高校はいまや「クール」な選択になりつつあります。年を追うごとにその傾向は強まるでしょう。そうした中でどれだけ多くの生き残れる普通科高校があるでしょうか？

可能性があるとしたら普通科ではなく、商業や工業などの職業科高校です。職業科高校は通信制と同じく、かなりの自由度があります。 しかし、現在は多くの職業科高校がそれを活かしきれていません。もし、地域企業や職人とデュアルシステム（企業の職場を実習の場として学べる教育）を構築し、地域での就職にアドバンテージがある学校を創れば広域通信制高校に勝てます。さて、それを実行する学校がどれほどあるでしょうか。

義務教育だって対岸の火事ではありません。東洋大学の根本祐二教授は今後の児童数・生徒数と国が示す小中学校の適正規模（小学校690人、中学校720人。「公立義務教育諸学校の学級編制及び教職員定数の標準に関する法律」第3条、及び「学校教育法施行規則」第41条、第79条等をベースにしています）をもとに、30年後の2050年頃には小中学校の数がどれくらいになるかを推計しました（「人口減少時代における地域拠点設定とインフラ整備のあり方に関する考察」東洋大学PPP研究センター紀要　平成30年3月）。

それによれば、2050年頃には、小学校は現在の2万校弱がおおよそ約6500校に、中学校は現在の1万校弱が約3000校に縮小します。地方はさらに厳しく、島根県、和歌山県、高知県、岩手県では小学校は現在の1割程度に減少するのです。東京都、大阪府、愛知県でさえ半減します。これは大規模な統廃合の結果です。これは厳然たる計算に基づく結果なのです。

さて1割になると予想される島根県、和歌山県、高知県、岩手県では、通学距離は10の平方根である3・3倍になります。そして、島根県、和歌山県、高知県、岩手県の僻地の場合は5倍、それ以上になるでしょう。僻地の交通状態を考えるとスクールバスでは対応できません。もちろん、文部科学省は必死になって守るでしょうが、一人の子どものため数人の教職員の給与を必要とする予算を財務省が認め続けることは考えにくいです。いつか病欠児に対する特例を拡大せざるを得ません。つまり、義務教育段階でも通信教育を認めざる得なくなります。そうなったら公立学校が広域通信制学校と競合することになります。

また、不登校の子どものための個別最適化の教育の実現に向けて、公設民営のフリースクールを市町村レベルで立ち上げるところが生まれています。たとえば、東京都世田谷区の「ほっとスクール希望丘」、栃木県高根沢町の「フリースペースひよこの家」、兵庫県尼崎市の「ほっとすてっぷＷＥＳＴ」などです。

また、たとえば、その市町村の全ての児童・生徒、即ち小学校1年から高校3年が一つの場所に集まって、広域通信制を利用することによって、地元の学校を守ろうとするのは、義務教育学校ですでに起こっていることです。

大学だって対岸の火事ではありません。広域通信制高校の生徒が東京大学に進学するのはダサいと感じ、アイビーリーグに進学するようになったら。日本のトップ大学は待ったなしにアイビーリーグでの教育、つまり、アクティブ・ラーニングに対応しなければ生き残れなくなってしまいます。

また、クラーク記念国際高等学校では全日型通信制として、N高等学校と同様に通信制の特例を最大限活かした個別最適化した教育を行っています。面白いのはスクーリング、即ち実際に学校に通学する時数の下限は設定されている一方、上限が設定されていないことを利用して、全日制高校と同様に通学しているのです。また、現状の授業の形式（即ちトーク&チョークの授業）を残しており、その意味では現状の学校とN高等学校の中間ともいえます。これも子ども・保護者に多様な選択肢の一つを与えるものです。

カウントダウンは始まっている

人の常識が変わるには決まった変わり目があります。全体の16％の人がある製品・サービスを利用すると、一気に顧客が増えます。たとえば、いまのように携帯電話やスマートフォンを誰でも持つのが当たり前になったことも、全体の16％の人が使い始めたときに、一気に爆発的に顧客が増え、「持っている人のほうが普通」になったのです。

現在の高校生の人数は約３２０万人です。その16％は約50万人です。N高等学校の生徒は４年間で1万人を超え、多種多様な方面で活躍しています。クラーク記念国際高等学校も生徒数は1万人を超えています。さらに大学の進学実績を上げている広域通信制の高校としてはほかにもトライ式高等学院、鹿島学園高等学校、ＫＴＣおおぞら高等学院などもあります。平成29年４月段階で広域通信制高校は１０６校存在し、総収容定員は約24万人です[v]。さらに新しく立ち上がる広域通信制高校は増えており、フリースクールも増えています。このように多様な学校が多様なニーズに応えつつあり、50万人の壁に近づいています。

個別最適化する教育はドラッカーの言う「すでに起こった未来」なのです。

ドラッカーは未来を予測する方法を二つ提案しています。第一は、先に述べた「すでに起こった未来」です。第二の方法は「きたるべきものについて形を与えるための新しい構想を未来に投射すること、すなわち『未来を発生させる』こと」なのです。

時代の流れに逆行することは、どんなに力のある人が集まってもできません。しかし、時代の流れに沿ったことは、力のない人でも集まればできます。ただし、そこでできるのは「早める」ことです。誰が何をしても、しなくても、遅かれ早かれ起こる未来なのです。いま、工業化社会の教育を受けた若者がSociety5.0の人材を求める社会に参加し、不適応を起こしています。先に述べた非正規雇用の増大もその一つの表れです。いち早く社会の変革をすれば、ドロップアウトする子どもを少なくできます。

多くの子どもを救うために「個別最適化の教育」を普通の公立学校で実現していくことを急がなければならないのです。

第2章

今日から学校現場で可能な個別最適化の教育！

公立の学校現場で可能な個別最適化とはどういう教育か？

第1章ではN高等学校等の通信制高等学校を紹介しました。しかし、多くの子どもたちが通っているのは公立学校であり、公立学校の教育を本当に変えていくことが求められています。

一人ひとりにとって個別最適化した教育を実現するためには、いままでの公立学校の授業では不可能です。子どもが主体者となる学びに移行しなければなりません。

本章では、子どもが主体者となる授業を公立学校で実現する『学び合い』（二重カッコの学び合い）の授業を紹介します。

『学び合い』は、教師が一方的に教える授業とは違い、子ども同士が主体的に学び合い、教え合う授業です。

教師は学んでほしいことが何か、はっきりと子どもに示し、子ども全員が自分の学びを達成できるよう助け合うことを求め、学べる環境を整えます。子どもたちは、自分や互いの学びの達成のために教室を自由に動き、語り合い、調べ合い、教え合います。『学び合い』は一見すると無秩序で学級崩壊のように見えるかも知れません。しかし、皆さんの中には同じような状況を実際に経験している方が少なくないと思います。

それは、自主的に運営された部活動、チームメンバーの自主性が最大限発揮されている職場の姿と一致するのです。そこでの教師や上司は管下のメンバーに任せて何もしていないように見えます。しかし、教師や上司が何もしていなくてそのような集団を維持発展できるわけがありません。見ていないように見えて実は集団を観察し、ツボどころを押すような発言をしているのです。『学び合い』における教師はそれと同じようなことをしています。

ホモサピエンスの自然な教育・学習とは

工業化社会での現在の学校教育は、実はものすごく異常な教育なのです。

教育は学校の専売特許ではありません。我々ホモサピエンスは言語という高度なコミュニケーション手段を持った群れる生物です。我々は数百万年の生存競争の中で教育を洗練しました。**意外かもしれませんが、人類の歴史の中で現在の学校教育が制度化したのは、近代学校制度が成立した200年弱だけです。**

当たり前のことですが、猿人や原始人の時代に、黒板を使って一斉指導をしたわけはないことは自明です。では、我々の先祖はどのようにして学習していたのでしょうか?

ほ乳類一般は、学習によって多くの生きるすべを獲得しています。猿人の時代から、人類は学習に依存する割合の高い生物です。その学習は組織的なものではなく、血縁者を中心とした小さいコミュニティの中で、仕事に参加する中で学んでいきました。それらは中世では徒弟制度と言われました。

実は教育・学習は学校の専売特許ではありません。現在の職場を思い起こしてください。徒弟制の時代のように先輩から学ぶということは続いています。理由は、ホモサピエンスのＤＮＡに刻み込まれた教育だからです。

人類にとって特異な「学校教育」という教育

近世になるにしたがって身分制度が崩壊します。それによって農夫の子は農夫になるとは限らず、商人の子は商人の子になるとは限らなくなりました。

そのため、あらゆる職業に必要となる知識・技能を教え、学ばなければなりません。そして、それらの共通の知識・技能を抽出すれば、個々の具体的な仕事・作業から離れていきます。その結果として成立したのは、職場とは別個の組織的な学習の場である学校です。

学校で教える知識・技能を持っている人は、高学歴の一部の人だけです。つまり、教師からしか知識・技能を得ることはできませんでした。一人の教師を雇うには予算がかかります。義務教育制度を維持することと、予算とのかねあいがあります。一人の教師が数十人の子どもを教えるとしたら、一斉指導しか方法がなかったのです。

板書というのも、書籍が高かったことからの便法なのです。当時の書籍は高価でした。かつて緒方洪庵の適々斎塾では一冊の辞書である『ズーフ・ハルマ』を、「ズーフ部屋」と言われる部屋で3、4人が写して利用していました。当時は、それしか方法がなかった。しかし、数十人の子どもに一斉に授業する形態では、そのような写本はできません。そのため、教師がそれを持ち、板書します。子どもはそれを手で写すのです。簡単に言えば、写経、写本のようなものです。

一人の教師が多数の子どもを教えるという一斉指導は当時の時代の必然です。現在、板書に語られる意義は、成立の経緯を忘れた人の後付けの理屈だと思います。

つまり、教師の発問や板書が中心となる現在の授業は、明治当初の異常な状態に対応するための、異常な教育なのです。それは人類の数百万年を超える歴史の中で200年弱しかなかったものです。

明治当初とまるで違う現在の日本

ところが時代は変わりました。少子化によって保護者は教育にお金をかけるようになり、都市部では塾・予備校などの学校以外の教育施設が一般化しました。

しかも、これは都市部に限ったことではありません。本は安価になり、通信教材も充実し、地方でも高度な教育を受けることが可能になり、事実、利用者は少なくありません。高等教育が一般化し、高校教育・大学教育を受ける人が多くなりました。

結果として、子どもに教える知識・技能を持っているのは教師ばかりではなく、多くの保護者も持つようになり、通信教材を学ぶ我が子の横に座って教えることができる家庭が増えました。

テレビやインターネットでは学校教育では考えられない予算をかけた教材や、多種多様な教材を無料で与えてくれます。さらに言えば、日本の学習指導要領は全国民が学ぶべきことを規定しているので、極端に難しいことは求めていません。そして、日本の教科書は、その学習指導要領に準拠しています。そして日本の教科書は優秀です。副読本・参考書は多様です。

したがって、それらを利用すれば、自力で理解することができる子どもがいます。**その結果として、学校で学ぶ知識・技能をすでに持っている「子ども」、また、自力で解決できる「子ども」が出現するようになりました。**

いまの時代ならば個別最適化が可能

改めて個別最適化された教育の姿を思い浮かべましょう。

先に述べたように**個別最適化された教育では、学習指導要領に学習内容は縛られず、総合的な学習サポートをする教師が、一人ひとりの子ども自身が決めたペースで、様々な場所（ネット上を含む）で、子どもの意思によって学ぶことを支援します。**

現在、良質な教材は安価に手に入ります。授業動画はネット上に無料でアップされています。子どもたちの中には教えるのが得意な子どもがいます。子ども同士であれば教師より気楽に時間をかけて教えてもらえます。もし、適々斎塾や松下村塾のように年齢の異なった様々な集団を構成すれば、確実に教えてもらえる人はいます。さらに、その子が特殊なことを聞きたいならば、ネットを使えばそれに堪能な人につながることができます。

このような学びの場では、教師は教科を教える人ではありません。子ども集団を健全に維持管理する人です。ここでの健全とは、メンバー同士が支え合う文化を育て、「教

え て／教えてあげるよ」が自然に言える集団であることです。

東京大学の医学部・法学部を頂点とする一次元の偏差値価値観を崩して、多種多様な価値観を持てる集団を育てるのです。互いに様々な価値観を認め、応援する集団が「健全な」集団です。

さらに、もし子どもたちが知りたいことがわからなかったとき、それを知っている人につなげるのが教師の仕事です（自らが教えるのではありません）。

働きやすい職場をつくれる上司をイメージしてください。また、公立中学校で生徒主体の部活動で好成績を上げ続けている部活の顧問をイメージしてください。そこでの職員や子どもがこれからの教育を受ける子どもたちの姿です。

『学び合い』という個別最適化を目指せる教育

いまの公立学校で既に多くの教師が実践し、成果を上げているものとして、いままで述べた個別最適化した教育に、現在、もっとも近いのは『学び合い』です。

詳しくは関連する書籍をお読みください。ここでは算数の授業を例に、『学び合い』の導入初期の事例を取り上げて、もっとも簡単にその姿を示しましょう。

授業最初に教師は「教科書23頁から24頁の問題を解けるようにしましょう。一人も見捨てずにね。答え合わせをしたければ、答えは教卓の上に置いておきます。時間は○分までです。どうぞ」と語ります。

子どもたちは自由にグループをつくって、勉強します。わからないことがあれば聞くし、得意なことは積極的に教えます。これが授業の終了5分前ぐらいまで続きます。つまり、授業時間の9割は自習時間です。

教師は板書をしません。発問もしません。ただし、何もしないわけではありません。野球部の練習中の監督の様子を想像してください。練習の様子をじっと見ています。

必要に応じて集団に対して質問や投げかけをします。監督は、最後にその日の練習で気づいたこと、特に、子どもたちがどのように練習に取り組んでいたかを評価します。教師はこれと同じことをするのです。

学習指導要領の縛りがあるので、学習する内容は一律です。しかし、どのように学ぶかは個別最適化できます。

式で考えるのがフィットしている子はその方法で、ブロック図で考えるのがフィットしている子はその方法で、図で考えるのがフィットしている子はその方法で問題を解きます。教える側の子どもは、相手に合った方法で教えます。

また、子どもたちに任せると、やがて子どもたち自身が個々人に合う学習課題も発見していくようになっていきます。

「教科書23頁から24頁の問題を解けるようにしましょう。一人も見捨てずにね。答え合わせをしたければ、答えは教卓の上に置いておきます。時間は○分までです。どうぞ」という教育に疑問を持たれるのは当然です。

しかし、『学び合い』は学術データに基づいています。そして全国に広がった実践なのです。

『学び合い』の導入初期の授業イメージ

1．教師から課題を与え、「全員が自分の課題を達成するのが目標」と伝える。（5分以内）

子どもが能動的に動く時間を最大限確保するため、できるだけ教師の最初の説明は5分以内にします。全員が助け合い、全員が自分の課題を達成することを目標にします。

2．「さあ、どうぞ」と動くことを促し、子どもが動く。（約40分　小学校は35分）

「どんどん動いて課題を達成してね。さあ、どうぞ」と動くことを促します。子どもが動く時間を最大限確保することが、成果をアップするカギになります。

3．成果を振り返る。（5分以内）

最後に全員が自分の課題を達成できたか振り返らせます。全員が自分の課題を達成できなければ、どうしたら次回できるかを考えるように教師は伝えて授業を終わります。子どもたちは任せられることにより、チームとしてお互いにもっと助け合うことを考えるようになっていきます。

『学び合い』の導入初期の授業イメージ

1　教師が課題を伝える（5分以内）

● 「全員が自分の課題を達成するのが目標」と伝える。
● 「わからないから教えて」と自分から動くことを推奨。

▼

2　「さあ、どうぞ」と促し、子どもが動く（約40分）

● 子どもは最初はまず自分が課題を解くため動かない。
● 徐々に他の子に教える子ども、教えるために移動する子どもが出て、動き始め、グループが生まれていく（教師はグループを強制的につくったりしない）。
● やがて、グループ同士の交流が始まり、多くの子どもが課題を達成する。まだできない子をサポートするメンバーがどんどん増える。

▼

3　成果を振り返る（5分以内）

● 「全員が自分の課題を達成」できたかどうかを振り返る。学習内容のまとめはしない。あくまでも、「全員が自分の課題を達成する」という目標に対してどうだったかを振り返らせる。

『学び合い』の導入初期の授業を見てみよう！

① 授業開始

授業開始です。
まず、教師が手短かにこの時間の課題と目標を伝えます（５分以内で）。
課題は黒板に板書したり、プリントを渡したりして、子どもが明確にわかるようにします。

② 「さあ、どうぞ！」で動き始める

「さあ、ではどうぞ！」の教師の声で子どもたちが動き始めます。子どもが課題に取り組む活動時間を最大限確保することが大事です。活動時間が長いほど学習効果は倍増します。

3 グループが生まれる

子どもはまず思い思いのグループをつくり、最初は自分で課題を解き始めます。

だんだん、「わからないから教えて」「ここってどうするの？」など、子ども同士で学び合ったり、教え合ったりし始めます。

4 どんどん関わり合いが増えていく！

どんどん関わり合いが増えていきます。

子どもの誰ができていて、誰ができていないかを子ども同士でわかって助け合えるように、ネームプレートを使ったりして可視化します。

さまざまに子どもが動いて、どんどん子どもの動きがダイナミックになり、いろんな関わり合いが生まれていきます。耳を傾けると、しっかり課題の話をし合っています。

5 全員が自分の課題を達成したか振り返る

最後に全員が自分の課題を達成できたかを振り返ります（5分以内で）。
「次は達成するために、どう動いて助け合ったらいいのか考えよう！」
と教師は子ども自身に次への戦略を考えてもらう声かけをします。

こうした『学び合い』の授業を繰り返すうちに、子どもはどんどん全員が各自の課題を達成できるようにするための戦略を考えるようになり、わからない友だちに教えるために予習してくる子まで出てきます。
そして、全員の成績がぐんぐん上がり、他者と関わり合いながら課題を発見したり、課題解決をする力がみるみる伸びていきます。

教育における理論と実践の関係

教育の世界では、理論と実践の往還ということが大事だといわれていますが、ほとんどなされていないのが現状です。

研究者の中で実践の世界で著名な方はおられます、が、研究者としては引退してから実践の世界で活躍されている場合が多い。端的な例が、その実践を学術論文の形でまとめているのが極めてまれであることです。

残念ながら、理論も実践も互いに相手を軽視している、という状態です（言いすぎであることはわかっております。レトリックとしてご理解ください）。

教育には理論と実践の往還は絶対に必要です。現実の教室では理論だけでは物事は進みません。その場その場で、運用が必要です。時には理論に反することを緊急避難的にしなければなりません。確かに運用や緊急避難は有効です。そうなると、それが大事だと理論と併存して蓄積されます。そんなことが増えていくと、何が根幹で何が運用や緊急避難なのかわからなくなります。そして、いつの間にか運用や緊急避難を基礎のように思ってしまい始めます。根幹がどれなのかわからなくなるので、軸がぶれてしまい、言っていることとやっていることが相矛盾するようになります。

成果を上げている教育法のいったい何が成果を上げている核心なのか、それを抽出したものが理論です。学術の成果は、実践と違い、単純で純粋です。だからいいのです。それが実践と同じぐらいゴチャゴチャしていたら、学術というものの存在意義はありません。だからこそ、実践で蓄積された様々な知恵をふるいにかけて、根幹と運用・緊急避難に分けて整理することができます。その根幹が実践において評価され、正しいか正しくないかの評価を受けるのです。

理論との往還を失った実践は、何が何だかわからないノウハウの蓄積に陥ります。実践との往還を失った学術は、実践に無関係な教育研究になります。どちらも不幸なことだと思います。

膨大な学術データ、実践データ

『学び合い』は「教科書23頁から24頁の問題を解けるようにしましょう。一人も見捨てずにね。答え合わせをしたければ、答えは教卓の上に置いておきます。時間は◯分までです。どうぞ」から始まるという至極単純な教育実践を学術的に徹底的に分析し、学術論文や教師用の書籍にまとめています。それをもとに現場の教師が実践し、どんな問題点があるかを洗い出します。それらは我々にフィードバックされ、それを学術的に分析しているのです。

『学び合い』は数千人の教師が20年以上実践し、分析しています。様々な成功と失敗を多くの教師が経験しました。おそらく典型的な失敗は全て経験済みです。現場教師や研究者が失敗の解決方法を生み出し、全国の実践者に発信します。それの結果はまたフィードバックされます。この積み重ねによって『学び合い』の理論と実践は洗練されました。地方大学の一教師が始めたことが全国に広がっている理由は一つです。本のとおり実践すると、本のとおりの結果が得られるからです。

導入初期はとりわけ効果が顕著です。しかし、効果を上げ続けるためには絶え間ない子どもとの対話や、教師自身が子どもから学び続ける姿勢が必要です。

「一人も見捨てない」という方針が学びを活性化する

本能の限界を超えるための教育

先に書いたとおり、ホモサピエンスは学び合うことによって生存競争を生き抜いた生物です。そのため、教えること、教えられることは「快」であるようにDNAに組み込まれています。だから、特段のことをしなくても、教師が邪魔をしなければ子どもたちは学び合います。

ただし、DNAに組み込まれたのは我々が高度に社会化する以前のことです。そのためDNAに学び合うことは組み込まれていますが、その範囲は狭いので「一人も見捨てないことは得である」ということを語る必要があります。

サルは学び合います。しかし、その範囲は親子、兄弟などの近親者の中で行われるのが基本であり、広がっても群れの中に留まっています。

ロビン・ダンバーという研究者は、霊長類の脳の大きさと群れのサイズに相関関係があることを発見しました。それから引き出されるホモサピエンスの群れのサイズは150人程度で、ホモサピエンスが苦労なく安定的な社会関係を維持できる限界なのです。150人とは親兄弟、親戚、近隣の人が基本なのです。したがって、教室で一緒のクラスメートが自動的に同じ群れになれるわけではありません。

ホモサピエンスが農業を獲得し、交通手段を発達させる過程で社会規模が拡大していきました。その中でルールが生まれ、文化が生まれ、群れのサイズは後天的に拡大しました。

たとえばです。オリンピックで日本人が優勝すれば喜び、時に涙を流すことがあります。しかし、他国人が優勝したとき、そのような反応は起こりにくいものです。それは日本人という群れは存在しても、他国の人までを自分の群れとする認識が現代の日本人にとって当たり前ではないからです。

『学び合い』の定着の過程

『学び合い』では「一人も見捨てないのは得だ」ということを語り、子どもたちに納得させせます。重要なのは「徳」ではなく「得」であることを語るのです。なぜなら、自分自身の利害に一致しないものは、永続化しないからです。

理科の実験班を長期に観察し、その崩壊する過程を分析しました[vi]。その班をリードする子どもが、相対的に能力の低い子どもをサポートする行動が観察されました。しかし、4週間ほどでリードする子どもが能力の低い子どもを非難し始め、最終的には排斥するようになりました。多くの子どもが「徳」を維持できるのは4週間程度が限界だと思います。

人がつながりあえばすごいことができる

教育を通して獲得して欲しい知識・技能の全てを、全ての子どもが獲得できるわけではありません。しかし、工業化社会のコードで生きている人は、「規格化」しようとします。

これからの時代、全ての知識・技能を一人ひとりの脳や体に刻みつける必要はないのです。コンピュータの世界でも、普通のパソコンを多数つなぐことによってスパコン並の能力になることは可能です。

人も同じです。**人と人とがつながれば、すごい能力を全ての人が獲得できるのです。「一人ひとりの脳や体に全ての知識・技能を刻みつけなければならない」という呪縛を捨てれば、教育の多くの問題を解決することができます。**

『学び合い』で大丈夫なのか？

患者は病気を治せない？

ネットで「「教え合い」や「学び合い」による「教育」は、医師が患者に「治し合い」をしろと言っているようなもの。患者同士がいくら知恵を出し合っても、勉強におけるトリガーポイント・筋硬結は、永遠に見つけられないだろう」というコメントを見いだしました。多くの方が感じることだと思います。

このように思われるにはいくつかの誤解があると思います。

第一の誤解は、実際の子どもたちがつまずいているところは何か？　ということです。『学び合い』の研究においては、子どもたちが何をわからないかを膨大なデータから見ています。その結果、子どもたちは教師から見ると本当に馬鹿馬鹿しいレベルで引っかかります。

たとえば、「国道って道のこと？」とクラスメートに聞いている子どもがいます。最初、私はそれを聞いたときに唖然としました。しかし、考えてみれば免許を持たない子どもたちは国道という言葉を使いません。駅前の道とか、海岸沿いの道というように言うでしょう。

「国の道と書いてあるのだからわかるだろう」と思う方はおられるでしょう。しかし、東京の上野は野っ原ですか？　違いますよね。でも上の野と書いています。しかし、上野というのは地名であることを知らないならば、それを想像し、迷っても当然です。

子どもが何につまずくのか、そのときは小学校の社会科で調査しましたが、子どもたちが引っかかっているのは、このレベルのことが過半数なのです。このような誤解は「あ、それはここを見ればいいんだよ」と教科書を指し示すだけで解決します。ところが現状の一斉授業ではそれができません。そのため、子どもはそこで学習を放棄します。授業開始5分でどんどん子どもたちの心は宇宙に旅立つのです。

第二の誤解は、現状の日本の子どもたちの学力分布です。現状の授業は教師しか教える内容を知らないという学制発布の時代に形成されたものです。その時代は、コピーはないし、本も高かった。そのような時代であれば、教師が黒板に書き、それを写すという教育しかあり得なかった。ところが、現状は塾・予備校・通信教材があふれています。さらに保護者が高学歴になり、中には教員免許状を持つ保護者も増えました。結果として、どんなクラスにも2割ぐらいは、学校で教える前に勉強済みの子どもが生まれました。そのような子どもは、教師がこの時間で何を言わせたいのかがわかっています。ただし心優しき子どもは、それを授業の最初に言えば、教師の立場がないので、わからないふりをしているのです。

教えることと、わかることについての誤解

第三の誤解は、ものを知れば知るほど、深い理解をすればするほど、教え方がうまくなるという誤解です。素人的には正しいように思います。多くの人の常識なのでしょう。そして、現状の教員養成はそれに基づいています。しかし、これは認知心理学のエキスパート・ノービス研究からも否定されています。大学まで勉強した人だったら、

教えてもらった小中高大の中で壊滅的にわからない授業をしたのは誰かを思い出せばいいと思います。天に唾しますが、大学教師です。なぜ、教え方が下手なのでしょうか？　それはあまりにも本人にとってはわかりきったことだから、わからない人がなぜわからないのか、どこがわかりにくいのかを理解することができないのです。

教え教えられるという関係において、わかればわかるほどよい、という単純な関係は成り立ちません。教え教えられる両者の理解が適度であるときに学びが成立します。

したがって、教師より子ども（それもそれほど成績のよくない子ども）のほうが、理解の難しい子どもにとってはよい教え手になるのです。

第四の誤解は、わからない子に必要なのは知識・理解だけというものです。それ以上にその子の気持ちに寄り添うことが必要なのです。たとえば、やる気を失っている子どもにとって、ちんぷんかんぷんな授業をする教師が「やろうよ」と言うのと、周りの親しい子どもが「いっしょにやろうよ」と言うのとでは、どちらが効果的でしょうか？　やる気がなければ、いかなる授業も無意味です。

第五の誤解は、子どもの多様性に関連しています。いまの授業は、「わかっている子」「わからない子」と大づかみに2分法をしています。そして、わからない子ども用の素晴らしい教え方があると思っています。しかし、実際は「わかっている子」も「わからない子」も一人ひとり違っているのです。わかる子がもっとわかるための方法、わからない子がわかるための方法は、一人ひとり違っています。どの方法が自分に合っているかを判断できるのは当人でしかありません。だから、当人との対話が必要なのです。それも膨大な会話が。しかし、このようなことは物理的に教師にはできません。

さて、以上を踏まえて、現状の教育を医療に置き換えると、擦り傷も二日酔いも医者でないと治せないことにしているようなものです。全部を医者だけに任せたら、医者の仕事はパンクして、重症患者を救えなくなります。

では、『学び合い』ではどうなるか。擦り傷や二日酔い、鼻かぜ程度は、自分で治すかまわりの助言を参考にして治します。それでは判断できない場合、また、重篤な病気の兆候があった場合に医者にかかります。医師は、そのような患者を中心に診察するのです。

さて、どちらのほうが「まし」か？　自明だと思います。

「子ども集団は有能である」ことを信頼するのが最大のカギとなる

学力を上げるには

みなさん、学力向上の最大のポイントは何だと思いますか？　教材や発問ではありません。それは本人が学力を向上させたいと願うことなのです。

私のゼミで学んだAさんが小学校5年を担任しました。そのクラスには5年になっても九九を覚えられないBさんがいました。当然、算数の点数は壊滅的です。いままでの担任は知的な障害があると思っていました。

Aさんは「一人も見捨てずに」という『学び合い』を実践しました。周りの子どもはBさんに近づいて教えます。しかし九九がわからないので問題を解くことができません。しかし、周りの子どもはそれを温かく見守ります。Bさんもみんなと関われることを喜んでいました。

ある日、クラスメートが「Bさん、やっぱり九九を覚えたほうがいいよ」と言ったのです。Bさんは1週間で九九を覚えました。それをクラス全員で喜びました。問題が一つ解けるごとに、クラスが拍手します。Bさんの算数の点数はぐんぐん上がりました。

Bさんに知的な障害はありません。ただ、学力を向上させる意欲がなかったのです。周りの子どもとの関わりによって、期待に応えたいという動機付けが生まれたのです。

もし、中学校3年のクラスで「みんながそれぞれ第一志望校に進学する」という目標を掲げたらどのようなすごい結果が生まれるでしょうか？

『学び合い』で子どもはサボらないのか？

いままでの授業では教師は一人ひとりの子どもをリードする必要がありました。しかし、本当にリードできるのは2割程度です。そして、2割程度は反発します。教室の世論は中間の6割の子どもがどちらの2割に同調するかで決まります。

『学び合い』では「一人も見捨てないのは得」ということを子どもたちに求めます。それによって、2割の子どもは周りの子どもにそれを伝えます。クラスをリードする子どもは他の子どもに影響力が大きいので、中間層の6割を引きつけることができます。

ご自身の職場を思いだしてください。上司がどのような人で、上司が何を言っているかを理解しているのは2割程度ではないですか？　あなたがもし上司がどのような人で、上司が何を言っているかがわからなかったらどうしますか？　おそらく、あなたが信頼している特定の人に「どうしたらいいでしょうか？」と聞くでしょう。その人は「あの人はダメよ、適当にやればいいの」と言ったら、それに従うでしょう。その人が「あの人は信頼できる人よ、だから、○○さんは○○をやってね」と言ったら、それに従うでしょう。

もし、8割の子どもが教師を支持しているならば、反発する2割の子どもは教師に反発できません。やがて8割の子どもたちに同化します。

新潟県にある妙高少年自然の家では夏に様々な学校の子どもが集まって数日間の

キャンプを行います。互いは初対面です。期間中、広場で並んで説明を聞く場面があります。それが長いと集中力が切れて、遊び出す子どももいます。その時、少年自然の家の職員が注意したとき、ボランティアで参加する大学生が注意したとき、たまたま前後に座っている子どもが注意したときの子どもの様子に着目しました。注意の直後に行動が正されるか否か、また、正された後の持続時間を調べたのです。結果は、たまたま前後に座っている子どもが注意したときがもっとも影響力があったのです[vii]。

なぜでしょうか？

たとえ数日とは言え、寝食をともに過ごす人なのです。もしも関係が悪くなれば、とても居心地が悪くなります。その点、少年自然の家の職員やボランティアの大学生は寝食をともにしないのです。これは教師でも同じです。**教師の指示に従わないような子どもは、教師にどう思われようが気にしません。しかし、クラスのみんなから浮けばクラスで居心地が悪くなることを知っています。**

生徒指導上の問題がある学校の場合、子どもと関係なく、様々なルールを教師がつくり、それを子どもに強制します。反発する子どもには教師集団でそれを押さえつけます。

一方、**『学び合い』では反発する子ども、従わない子どもを何とかしようとはしません。無駄ですから。**

その代わりに、教師に従う子どもに「一人も見捨てない」ことを求めます。子どもたちは『学び合い』で学ぶ中で「一人も見捨てないのは得」だということを理解していきます。

教育基本法第1条は「教育は、人格の完成を目指し、平和的で民主的な国家及び社会の形成者として必要な資質を備えた心身ともに健康な国民の育成を期して行われなければならない」とあります。

さて、教師が子ども一人ひとりに強制するのと、子ども同士の健全な助け合いや判断が機能するのを支援し、任せるのと、どちらが平和的な国家及び社会の形成者を育てられると思いますか?

第3章

こうすれば
実現できる
個別最適化の学び

『学び合い』でできる目標の個別最適化

工業化社会のコードで支配されている現在の学校教育の中で、『学び合い』は最大限の個別最適化を実現することができます。本章では、『学び合い』の授業では現状の学校でもいますぐ普通に実現できる個別最適化の事例をご紹介いたします。

『学び合い』は一見奇怪に思われるかもしれません。しかし、先に述べたようにホモサピエンスの学習なのです。それが証拠に、本章で書かれていることを、皆さんの職場に置き換えて理解してください。至極当然のことをしているのです。

教師の裁量権で個別最適化は可能です

学校で何を教えるべきかという目標を個別最適化することはいまの授業でも十分で

きるのです。

学習指導要領を実際に読めばわかることですが、学習指導要領に書かれていることは非常に簡単な記述です。その記述に反することは教えてはいけませんが、反してなければ、そこに書いていないことを教えても許されています。教えなさいと記述されていることは教えなければなりません。しかし、一教えるか、十教えるか、百教えるかは教師に裁量権があります。これは文部省（いまの文部科学省）の教科調査官だった、大学院での指導教官から教えてもらいました。その先生は「日本の文部行政は、日本の教員が優秀であることを前提としている」とおっしゃっていました。

我々は学習指導要領に従わなければなりませんが、教科書や教師用指導書に従わなくてもいいのです。このことは文部科学省自身も認めています。しかし、多くの教師は学習指導要領を読まず、教科書や教師用指導書に従って授業をします。たとえば、次のようなことを以前に実際に経験しました。

小学校4年の算数の教科書に、唐突に「そろばん」のページがありました。ある先生は「そろばん」について1時間かけて授業をされました。なにか無駄な印象を持ったので担当の先生に聞いたところ、その学習は5年、6年の学習に必ずしも繋がらないと言われました。学習指導要領を読むと、4年に関しては「そろばんを用いて、加法及び減法の計算ができるようにする」とだけありました。だから教科書には唐突にページがあったのです。そして、その後を調べると6年生には「そろばんや具体物などの教具を適宜用いて」と書かれています。つまり、「そろばん」を使わなくてもよいのです。だから6年生の教科書には「そろばん」の項目がなかったのです。

私は、4年の先生に「学習指導要領に教えなさいと書かれていることは教えなければなりません。一方、教えてはいけませんということは教えてはいけません。しかし、教えなければならないものを十やるか百やるかは教師の裁量です。教えてはいけないというもの以外を教えるのも教師の裁量です。だから、そろばんに一時間使わなくてもよかったのではないでしょうか?」と申しました。しかし、教科書にあるから教えるとおっしゃっていました。

私たち教師は自らの裁量権を放棄すべきではありません。

子どもたちによる目標の最適化

『学び合い』による算数授業で実際に起こったことです。

そのクラスには知的な障害が疑われる子どもがいました。『学び合い』によってどんどんわかる子が増えましたが、その子だけは解けません。そして、その子だけが解けない日が続きました。そんなとき、子どもたちが相談をし始めました。子どもたちが集まって教師の前に来ました。そして、**教師に対して「○○さんには先生の課題は難しすぎる。もっと○○さんに合った課題をやるべきだ。○○さん用の課題を我々でつくるから、それを認めて欲しい」と交渉してきたのです。**その教師は「このことに関してみんなが納得したのか？」と尋ねると、○○さんも含めて全員が大きく頷いたので、その教師はそれを認めました。これって、とても素敵なことではないでしょうか？

また、小学校の『学び合い』による体育の授業でのシンクロ体操で実際にあったことです。

シンクロ体操とは全員が同じように同期する体操です。教師は子どもたちに自分たちで考えるように求めました。ところがそのクラスには肢体不自由児の子どもがいたのです。教師は普段の子どもたちの様子から、子どもたちが何とかするだろうと考えていました。

練習では肢体不自由児の子どもはみんなの動きを見て色々なアドバイスをします。どんな動きを組み立てるかという話し合いにも積極的に参加しました。

発表の日に子どもたちは次々に技を決めました。最後近くになったとき一人の子どもがすっと離れました。そして肢体不自由児の車いすを押してステージの中心に運びました。最後のフィナーレで肢体不自由児の左右の腕を左右の子どもが持って、全員で技を決めたのです。その時の肢体不自由児の顔は晴れ晴れとしていました。担任教師は何にも聞かされていなかったので、感激して泣いてしまいました。

中学校3年生の『学び合い』による英語授業での話です。

知的な障害がある子がいました。そのクラスの担任はその子用の課題を用意し、一緒に勉強しました。私が気になっていたのは、その子が仮面（オペラ座の怪人の仮面）を頭に付けていたことです。見ていると、都合の悪い状況になるとその仮面をかぶるようです。その子にとっては心の防具だったのでしょう。クラスで『学び合い』の授業を続けているうちに、その子はクラスの中に溶け込み始めました。ある日、その子は仮面を付けていませんでした。私は感激しました。

3年生の後半になると受験勉強が主になります。課題に関して教師の指示は最低限に留めます。一人ひとりが何を勉強するかを決められるようにしたのです。たとえば、自分が普段使っている問題集で勉強するようになりました。一人ひとりの問題集は別々ですが、教え合う、聞き合うことに障害はありません。イメージとしては夏休みに友だちの家に宿題を持ち寄って勉強するようなイメージです。

知的障害がある子どもは高校に進学するつもりはありません。中学を卒業したら家業のペンキ屋を継ぐ予定です。その子は絵を描くことが好きなのです。彼が選んだ課題は文化祭でのポスターづくりです。英語の受験勉強をしている同級生の中で、その子はポスターの下案を作成します。それを同級生に見せて意見を求め改良していました。以上の事例は素敵だと思いませんか？

いまの授業では一律の課題を与え、同じことを学んでいることになっています。**しかし、同じ課題を与えられても、その教科の得意な子どもと不得意な子どもでは、全**

く違った課題なのです。そこから学ぶものは違います。そうであるならば、「一律の課題を与え、同じことを学んでいる」という呪縛を解き放つべきだと思います。

子どもたち主体の授業研究会

職業柄色々な授業研究会に参加します。

授業検討会といえば、授業者、指導主事、司会が前に座り、参観者の質問に答えるというスタイルが一般的ですが、『学び合い』の場合、教師である授業者ではなく、子どもたちが前に座り、参観者の質問に答えるスタイルも可能です。簡略化する方法として、研究授業が終わったら、そのまま子どもが参観者の所に行って「私たちの授業でわからないことありませんか？」と言って質問に答えるスタイルもあります。

主体的な学習が成立しているから実現できることです。

評価の個別最適化も実現できる

単元を任せる

『学び合い』の導入の初期段階では毎回の課題を与え、それができたかどうかを評価します。たとえば、「教科書23頁から24頁の問題を解けるようにしましょう。一人も見捨てずにね。答え合わせをしたければ、答えは教卓の上に置いておきます。時間は○分までです。どうぞ」という場合は、実際に全員が自分の課題を達成できたか否かで評価できます。

そして、『学び合い』を日々積み重ね、学びについて互いに助け合える集団ができ上がったら、単元分の課題を一度に与えることもできます。初期の段階では得意な子の中には単元分全部の課題を解いてから教えようとする子がいます。しかし、それでは全員が単元全体の時間数の中で自分の課題を達成できるようにするための時間マネジメントがうまくいきません。やがて全体を俯瞰して、自らの課題解決と周りの子の進み具合のバランスをとりながら周りに教えられる子が出てきます。クラス全員が自分の課題を達成できたのかどうか、この場合の評価は単元ごとになります。

ビックリするかも知れませんが、この単元『学び合い』だと教科書の標準的な時間の3分の2の時間で終わらせることができます。そして、さらに半分の時間で終わらせることも可能です。なぜかと言えば、無駄がないからです。

『学び合い』はロスを削減できる

いまの授業は工業化社会のコードに支配されています。そのため同時化させようとします。具体的には、クラスの遅い子に得意な子どもを合わせなければならないのです。小学校低学年ではとても字を書くのが遅い子どもがいます。教師が黒板に課題を書き、全員が書き終わるまで待ちます。そのようなロスがものすごく多いのです。

ところが『学び合い』では得意な子どもはどんどん問題を解きます。そして、早く終わったらほかの子に教える時間に振り分けるのでロスがないのです。さらに子どもたちが『学び合い』に慣れてくると、自分で解きながら、不得意な子のアドバイスをするようになります。その結果、不得意な子どももいち早く課題に取り組むことができるようになるのです。

さらに単元『学び合い』では次の課題が見えているのです。

想像してください。教師が「単元全部の課題を渡してあるから、それを見れば次の課題がわかるよね。先生は予習してはダメだとは言っていないからね」と言ったら何が起こると思いますか？　得意な子は予習をしてきます。そして、『学び合い』が開始したとたんに教卓の答えを確認し、教え始めるでしょう。

想像してください。その授業の終わりに、「先生はすごいものを今日見た。開始直後に答え合わせをしている人がいた。つまり予習していた。考えて欲しい。なぜ、その人は予習したのだろうか？　自分のためか？　いや違う。その人は予習しなくても、その場で課題を時間内に解けるだろう。先生のためか？　それも違う。じゃあ誰のために予習したのだろうか？　みんなのためだよ。みんなが課題を達成できるために、自分のできることを自分で考えて行動した。そこがすごいと思う。このクラスにはそんなことを考えられる人がいっぱいいると思う」と教師が語ったらどうなると思いますか？

5人の子どもが予習して授業時間をフルに教えまくったらどうなるでしょう？

私が実際に参観したクラスの中にはクラスの3分の2が次の次の課題まで予習していたので、1日で3日分の課題をこなしたクラスがありました。こうなると、勉強することが文化になっていき、教師用指導書の指定する標準時間の半分以下の時間で終わるのも当然ですね。

新任教師の「ありえない」実践上の悩み

私のゼミを卒業した新任教師から12月に「教育実践上の悩みがあるので電話させてください」というメールが来ました。おそるおそる電話を受けると、「全ての単元が終わってしまいました。どうしたらいいでしょうか？」という相談です。私は大爆笑してしまいました。

これがさらに進行すると、何月何日に○○に関してのテスト、何月何日に○○に関してのテストをすると予告して学期を任せることができます。子どもたちにはどのようなタイプの問題が出るかをあらかじめプリントで渡すのです。小学校だったら使用している業者テストとは違う会社の業者テストを渡します。中学校だったら標準的な問題集を紹介するのです。学校で購入している問題集がある場合はそれによって内容を指定します。

ここまで任せることができたならば、評価は完全に個別最適化することができます。たとえば高校入試や大学入試を考えている子どもだったら、それに対応した問題集を使って勉強することもできるのです。

自分たちで基準をつくる子どもたち

学習指導要領の文言は興味・関心領域になると一層抽象的になります。教師すらもわからないのが正直なところだと思います。たとえば「自然を愛護する態度」とはどんな態度でしょうか？

『学び合い』で学習指導要領の原文（規準）を子どもに与える教師がいます。それに基づいて子どもたちは具体的な評価方法（基準）を定めます。具体的なエビデンスによって自己評価をしますviii。

たとえば「自然を愛護する態度」という規準をもとに、「週の内3日以上、花壇の水やりをする」という基準を定めます。そして「週のうち4日、花壇の水やりをした」というエビデンスに基づき、自己評価をするのです。

最初はちゃんとした基準を設定できる子は多くはありません。しかし、チャーミングな基準を設定できる子も少数ですがいます。そして、多くの子どもは自らチャーミングな基準を設定できなくとも、どの基準がチャーミングかは判断できます。『学び合い』の中でチャーミングな基準が広がります。

実際、子どもたちのつくった基準を、それを知らない教師に評価させると高い評価が出ます。自己評価は正確であるかを心配する方もおられるかも知れませんが、大丈夫です。なぜなら、自己評価の結果はクラスメートが見合っているのです。子どもは教師は誤魔化せても、同級生を誤魔化せるとは思っていません。教師の評価と比例していました。そして、幾分、自己評価のほうが低い評価でしたix。

子どもたちが生み出す関係の個別最適化

任せれば目的に合ったグループをつくる

世の中には、子どもたちの班は4人班がいいと信じている教師がいます。そして、その中にはリーダー性が高い子を含ませなければならないと信じている方がいます。さらに、教室での座り方はコの字が望ましいと信じている方がいます。

しかし、これらのことに学術的根拠はあるでしょうか？　私は寡聞にしてそのような学術論文を読んだことは一度もありません。逆に、それが誤っていることを示す実証的データがあります。

『学び合い』ではいつ誰と学ぶか、いや、学ばないかを子どもたち一人ひとりに任

せています。『学び合い』では授業時間のほとんどを任せています。一見すると全員が常にわいわいと話し合っているように見えます。しかし、子どもたちの会話を子細に分析すると、子どもたちがほかの子どもと話しているのは6、7分なのです。それ以外の時間は、たとえ机をくっつけて座っていても、自分一人で黙々と作業をしているのです。子どもはわからないときは質問しますが、わかれば自分で作業します。

ある子どもが説明を受けていました。いろいろとやりとりするうちに、その子の表情が「あ！　そうか」という表情になったのです。そうすると「わかった、後は自分でやるから」と言って説明を受けるのを中断したのです。最後の「わかった、できた」を自分で味わいたいのは当然です。推理小説を読んでいる人に犯人を教えるような野暮なことをする子どもはいません。

『学び合い』において子どもたちがどのようなグループを形成するかを観察していました。その結果、やっている作業によって変わるという至極当然の結果が出ました。算数・数学で比較的多い、一問一答型で問題が解決する場合は、2人グループをつくります。ところが、国語、理科、社会のように言葉を理解することがネックになっている場合は4人班をつくります。それらの教科の場合、子どもたちは教科書の文章を読み合わせます。子どもたちに任せると最初は8人班や10人班をつくる場合があります。しかし、それでは効率が悪いことに気づき、教師の指示がなくても4人班に落ち着きました。また、調べ物学習の場合も4人班を形成する場合が多いですx。

そして、「いま、我々は何を目指しているか」を確認する場合は、全員が手を止めて話し合い、合意形成をします。

ただし、算数・数学でも言葉の確認や、作業をする場合があります。国語、理科、社会でも一問一答で解決できる場合があります。それは一人ひとりで、また時間で変化します。教室の中には様々なニーズがあり、それによって多様な集団が形成され、アメーバーのように合体・分離しているのです。

だから、常にどの授業も4人班がいい、コの字がいいということはあり得ないのです。それらは「教師」にとって都合がいいのでしょう。工業化社会のコードです。

さらに人は関係の生物であることを忘れてはいけません。リーダー性は相手によって表れたり、消えたりします。それに相性の善し悪しもあります。それらを判断して最適な班を教師が構成することは「絶対」に不可能です。誰と一緒に勉強するとできるのかを知っている「としたら」、それは子どもたちではないでしょうか？　なぜなら「わかった／わからない」を判断できるのは本人だけだからです。もちろん、それを判断できない子どももいます。その場合は、長い時間学び合った同級生が相対的に正しく判断してくれます。

あなたが職場で何かわからないことがあったとき、聞ける相手を上司が指定すると「ありがたい」ですか？　絶対に迷惑ですよね。全体の会議の時に「そんなの担当が決めて報告すればいいじゃない。私に関係ないことを延々と聞かされるのは時間の無駄」と思ったことはありませんか？　子どもも同じです。

関係のオンオフは子どもに任せるべき

また、「5分間自分で考えて」と指示して、5分後に話し合わせることは学校でよくあります。最初から話し合わせると何も考えない子どもが生まれることを危惧してのことです。同級生との関わりのオンオフを教師がコントロールする事例です。

しかし、これは極めて効率が悪いと思います。

塾、予備校、通信教育が発達している現代において、2～4割程度の子どもは、教師がどのような答えを望んでいるかを知っています。その子どもたちはこの5分間に何をするのでしょうか？「1＋1はいくつ？」と問いかけられた時のあなたと同じく、何も考えません。1分考えればわかる子どもにとっては4分の無駄です。5分以上考えないとわからない子どもにとっては自分の考えを持てないのですから、5分の無駄になります。つまり、ほぼ全員にとって無駄な時間になります。

不思議なのは、最初の5分間に教科書等の資料を使って考えることは許している点です。もし、自分一人で考えることを求めるならば、それも制限すべきです。つまり、「安易」に頼ることを恐れているのです。だから、同級生を有効な資料の一つとして積極的に活用しているならば許されるべきです。

『学び合い』では、自分自身で考えることが大事であることを語ります。そして、オリジナリティが命の学術研究であっても、99・9999……％が先人の知恵であっても、そこにオリジナルなものがあればオリジナルであることを語り、他者の知恵を活用してもいいことを語ります。

5分間の時間を与えても何も考えない子どもは、自分で考えるということがわかりません。しかし、その子に教える側の子どもはそれがわかります。だから、安易に答えを写そうとする子どもがいたら、本当に自分が納得する答えを見いだせるような関わり方をします。たとえば、「ダメだよ、答えの丸写しは。〇〇に関してどう思っているの？　まず、それを言ってよ」と言うでしょう。

さらに言えば、人は「わかりたい」と思わない限り聞きません。思い出してください。会議で長々とした説明があったとき、「ま、必要になった時に聞けばいいよね」と思って聞き流すことはありますよね。子どもが課題を理解するスピードは異なります。

関係のオンオフは一人ひとりが個別最適化すべきなのです。

子どもの中には、音に敏感で、クラスで話し合っている状態に苦痛を感じている子どもがいます。この子に対して現状では、特別支援学級に移動させるしか方法はありません。しかし、『学び合い』では個別最適化することができるのです。

たとえば、「うるさいと集中できない」と訴えたならば、教師は「じゃあ、図書館で勉強していいよ。みんなが課題を達するためには、あなたが課題を達成しなければならない。もし、図書館なら課題を達成できるならば、図書館で勉強していいよ。ただし、あなたもクラスのみんなが課題を達成するためにできることをするべきだということを忘れずにね」と言います。

クラス全体を俯瞰している子どもが数人はいます。その子は図書館で勉強している子どもに気づき、図書館に行って勉強が進んでいるかをチェックします。その子が一人では課題を達成できなさそうならば、その子のために何人かと連れだって図書館で勉強することを選択する子もでてきます。

素晴らしい小さなコーディネーター

僻地小規模校は各学年が数人で、保育園からずっと同じメンバーで学年を組みます。そのために固定的な関係が形成されます。それを打破するために、全校『学び合い』をしました。

方法は簡単です。全校の子どもたち（20人程度）が一つの部屋に集まり、各学年は各学年の課題を解決します。その中で多種多様な人とのつながりを形成させます。学年では目立たない子どもが、下級生に教えるのがうまいことを発見します。

その1年生のAさんの動きが気になったのです。何が気になったのかはなかなかわからなかったのですが、あるとき、その子が全体を見ている時間が長いことに気づきました。多くの子どもは自分で黙々と作業をやっているか、特定の子どもと話し合っているのに、その子はきょろきょろと全体を見回している行動がありました。

6年生には知的な障害が疑われるBさんがいました。Bさんは同級生のCさんに教えてもらうとわかるのですが、それ以外の人の説明ではわかりません。そんな様子をAさんは見取っていたのでしょう。

ある日、Cさんが別の学年のDさんを教えていました。Bさんは別の6年生のEさんに教えてもらっていたのですが、わかりません。その時、Aさんはすっと立って、教える相手がいないFさんの手をとってDさんのところに引っ張っていきました。そしてCさんの手を取ってBさんのところに引っ張っていきました。

この様子を見たとき、私は鳥肌が立ちました。感激したというより、畏怖に近い思いです。**小学校1年生の中にも、集団全体を俯瞰し、関係をコーディネートできる子どもがいるのです。**

一人ひとりが見いだす学びの方法の個別最適化

多様な方法が開かれている大事さ

自分がブロックを使って学んでわかったという経験のある教師は、何が何でも子どもたちにブロックを使わせます。しかし、人が最良と思う方法は様々です。言葉で説明することにフィットする子ども、図を使うとわかる子ども、ブロックを使うとわかる子ども、そしてそれ以外の方法がフィットする子どもがいます。

『学び合い』では達成すべき課題は示しますが、それを解決する過程は様々です。**子どもたちがどうやってそれを見いだすのかは多様です。**多くはトライアンドエラーの中で見いだします。

自分がブロックを使ってわかった子はブロックで説明します。教えられた子どもがそれでわかったら、自分はブロックがフィットすることがわかります。もし、ブロックで説明してもわからないと、言葉で説明するかも知れません。それでもわからなければ図を使うかも知れません。そのトライアンドエラーの中で教える子どもたちの中に「○○さんは、○○で説明するとわかる」という共通理解が広がります。そして、当人もそれを理解することができます。

ノートのまとめ方も任せるとうまくいく

社会科の『学び合い』の際に、子どもたちのノートのまとめ方の変化を追ったことがあります。先に述べたように「国道」レベルの言葉が学習のネックになっている社会科は、『学び合い』によって驚異的に成績が上がります。ところがノートで学習内容をまとめないと8割の点数を超えられない子どもが多くいます。

教師はそのことを指摘します。そうすると社会科の得意な子どもは、自分のノートのまとめ方を教えます。その日のノートを調べると、その影響を受けています。別な日に別な子どもから教えてもらうと、その日のノートはその影響を受けます。それを継続的に観察すると、取捨選択しながら一人ひとりが自分なりのノートのまとめ方を習得して成績を上げたのです[xi]。

（余談ですが、ノートをまとめなければならないということも全員ではありません。私は小学校、中学校、高校、大学、大学院とほとんどノートを書いたことはありません。大抵は、教科書にちょこちょこっと書く程度です。しかし、社会科の通信簿は小中高と全て5もしくは10でした。そんな子もいます。それに最近では紙に記録すると記憶が阻害されるという研究もあるのです[xii]）。

先に述べたように、「わかればわかるほど、教え方がうまくなる」という誤解がはびこり、それによって教員養成や教員再教育がなされています。しかし、認知心理学のエキスパート・ノービス研究によれば、それは誤りです。人は熟達すると初心者と違った認知方法に変化し、初心者がどう考えているかがわからなくなるのです。だから専門家の説明はわかりにくくなるのです。

世の中には『東大生のノート』のような書籍があります。しかし、そこに書かれているノートのまとめ方は、東京大学に合格できるような子どもにフィットするノートのまとめ方なのです。圧倒的大多数の子ども、特に、教師が教えることに手こずるタイプの子どもにはフィットしません。

ICTの使い方も子どもに任せよう

子どもが求める方法は多様であることはＩＣＴに端的に表れます。

ＩＣＴ教育では一人１台の機器が必要だと思っている人が多く、一律のソフトを与え使うことを強いるのです。「規格化」です。子どもたちの学びの様子をモニターできるようにしてコントロールしようとします。「中央集権化」です。そして「さあ、次に何をしてください」という指示を頻繁に与え、ネットの負荷が急に高まりダウンするという滑稽なことをします。「同時化」です。見事にSociety3.0のコードで、Society5.0の教育を実現しようとします。それは絶対王政の下で民主国家を運営するように絶対に不可能なことです。

『学び合い』ではICTを使うことを許しますが、使うことを強いません。子どもたちの人数分のiPadを用意し、それを使うことを許しました。インターネットを自由に利用させ、無料のソフトをダウンロードすることを許しました。もちろんどのソフトを利用するかに関して制限をかけていません。『学び合い』で子どもたちに求めるのは「全員が自分の課題を達成する」ことだけなのです。

子どもたちの人数の半分もしくは3分の1の機器しかｉＰａｄを使いませんでした。大抵の子どもたちは2、3人で1台のiPadをのぞき込みながら議論して使っています。**もっとも優れたツールはＩＣＴを使いこなす人です。**

子どもたちは教師の考えなかった使い方を発見します。課題の説明文の中で図を取り込みたいと思った子が、最初はお絵かきソフトを使おうとしたのですが難しかったのです。その子は手書きで図を書き、それを写真に撮って取り込むことをしました。その方法は課題を与えた教師は考えてもいなかった使い方なのです。

私は昔から教育のＩＣＴはコモディティ化したハード・ソフトですべきだと言っています。たとえば、一太郎、ワード、エクセル程度を使えるようにすれば十分です。プログラミングも、一太郎、ワード、エクセルのマクロ機能を使えば、プログラミングの考え方を学べます。

利点は多々あります。

第一に、いいものはコモディティ化します。そうならないものは、その程度です。

第二に、コモディティ化したものなら、教師が教えなくても保護者が子どもに教えられます。また、わかりやすいマニュアルもそろっています。難しい操作でも、身近に教えられる人はいます。

第三に、コモディティ化したならば、社会に出てから役立ちます。もちろん子どもたちが生活するころにはワープロや表計算ソフトは変わるでしょう。しかし、コモディティ化したものは、一般人が変化について行けるような工夫をしています。

では、このような利点があるにも関わらず、何故キラキラしたソフトやハードを使った教育改革が多いのでしょうか？

理由は一太郎、ワード、エクセルのＩＣＴでは研究者は学術論文を書けないからです。また、企業は多くの予算を獲得できないからです。最先端と称する教育のＩＣＴを自身の職場に導入することを考えてください。おそらく絶対に導入しません。

第4章

現行の
法令のもとでも
個別最適化の教育は
可能だ

時間割、クラス、通知表はどこまで法律で決められているか

教育法規の制約と個別最適化

前章で紹介した『学び合い』による個別最適化は教育法規で制約されてないことに関しての個別最適化です。本来は教師の裁量の範囲内です。少なくとも学校長が認め、保護者に支持していただければ、何の問題もなくできます。子どもがニコニコと学校に行き、ニコニコと帰宅し、持って帰るテストの点数が高ければ、保護者は支持してくれます。そして『学び合い』ではそれを実現することは従来型授業よりはるかに簡単なのです。なぜなら、従来型授業ではそれを実現するのに一生懸命なのは一人の教師であり、その教師の力量に依存します。ところが、『学び合い』では子どもたちも

一緒に実現しようとするからです。もし上記を実現し、子どもと保護者が支持してくれれば大抵の学校長は認めるでしょう。

本章ではもう一歩踏み込んで、教育法規に関わる「かも」と思われる『学び合い』の個別最適化の事例を紹介しましょう。

硬直化した時間割

各学校では学習指導要領で定められた時間の授業をします。1単位当たり、週に1校時の授業を年間で35週行わなければなりません。そのため、時間割は月曜日から金曜日までびっしりと埋まっています。しかし本当にそうでなければならないのでしょうか？

学校教育法施行規則の第五十一条、第五十二条の三、第七十三条、第七十四条の三、第七十六条、第七十九条の五、第百七条、附則（平成二〇年三月二八日文部科学省令第五号）では「に定める授業時数を**標準とする**」とあります。**標準とするのであるので厳密に定められているわけではありません。そもそも「授業時数」の定義は法令に**

は書かれていないのです。では、どうやって授業時数を数えているかといえば、学校があった日の時間割を使ってカウントしています。

極論すれば、ある子どもが授業中寝ていても授業時数を1こなしたことになります。また、受験勉強のため別教科を内職したとしても授業時数を1こなしたことになります。何を言いたいかと言えば、法で定められた授業時数とは、子どもが何を学んだかではなく、学校がその教科を時間割の中で当てはめたということなのです。

法で定められた時間数だけ年間の時間割に割り当てられており、その時間に学習指導要領に定められた内容に関する学習が成立しているならば、法には反しません。補足しますが学習指導要領に従うのであって、教科書や教師用指導書に従う必要はありません。

前章で『学び合い』では単元単位、学期単位で子どもたちに任せることができることを示しました。その状態ならば子どもたちはどんどん個別最適化することができます。**実はいますぐでもN高等学校のようなことを公立学校でできるのです。**

クラス編制と運用はどこまで自由か？

義務教育の学級の編制やその運用に関しては、学校教育法施行規則第四十条、第六十九条に定められ、それを受けた「小学校設置基準」「中学校設置基準」の第五条・第六条、また、「公立義務教育諸学校の学級編制及び教職員定数の標準に関する法律（標準法）」の第三条（学級編制の標準）に定められています。高等学校においても、「教育上支障がない場合は、この限りでない」とあります。それらをまとめると**以下を制限する国の法はないのです。**

1．2年1組の担任（教科担任も含む）Aと2年2組の担任Bが合同で授業をする。（また、それ以上の同一学年のクラス合同でする）

2．1年1組の担任Aと2年2組の担任Bが合同で授業をする。（また、それ以上の異学年のクラス合同でする）（ただし、各学年の学習内容に基づく授業をする）

3．一人の教師が、同一学年の複数のクラスを同時に授業する。

4. 一人の教師が、異なった学年の複数のクラスを同時に授業する。

いま小学校では教員の途中退職者が増加しています。そして常勤的非常勤になってくれる人を確保することは非常に困難になっています。そのため、教頭や担任外の教務主任が担任になることがあります。さらにそれも困難な場合、右のように複数のクラスを一人の教師が担任しています。

すでに行われており、認められているのです。

先に紹介した複数クラスによる合同『学び合い』では一人の教師は何クラスも教えることは可能です。ある各学年1クラスの小規模中学校で社会を担当するのは一人の教師でした。その教師は全ての時間、全校で『学び合い』社会を行いました。結果としてその教師の社会科の持ち時間は週4時間になりました。技術科も担当しましたが、それを加えても驚異的な働き方改革を実現しました。いまから十年以上前にそれは実現できているのです。

校長の裁量でここまで働き方改革できる

ある小学校の校長に「一人の教師が複数学級を教える時間割を県教委に認めてもらい時間数の削減をしたとありましたが、どのようなプロセスで実現したのでしょうか？」と質問しました。その回答は以下のとおりです。

「算数科を1名の加配教員に全学年受け持たせようとした。その方法の一案が複数学年による『学び合い』です。しかし、教職員課管理主事より電話が入り、「その方法はだめ」との反応です。その学校の教諭から教育委員会へ情報が流れ、先手を打たれました。そのため加配教員の受け持ち教科を無難に家庭科等にしました。

次年度早々、校内人事や人事異動等、学校経営を考える上で、校長から先に教育委員会の指導主事に「学習指導要領では体育科、家庭科、音楽科、図工科は、目標が2年単位で記載されている。複数学年による学習活動を行うことを、加配のない本校の実態に即し、働き方改革も考慮しながら取り入れることは可能か」と、問い合わせました。

指導主事からしばらく時間をおいて「可能」との回答がありました。

その年度の後半に、その学校の教諭に複数学年の教科担当についてアイディアを提案しました。次年度の当初、時間割の届け（教育課程の届け）の際に教員の持ち時間数を記して教育委員会に送付しましたが、以後、教育委員会からは何も指導はありません。実際に実施している教員に「難しさはないか？」と、何度も確認しているが、うまくいっていると教員からの回答を得ています。そして、今年度から全校『学び合い』に着手。全校が全学年での『学び合い』算数に取り組み始めました」

要は、うまくやれば、働き方改革もたやすくできます。その覚悟がある校長ならば、です。

通知表は必要か？

みなさん中学校3年3学期の通知表の成績を気にしましたか？　高校3年3学期の通知表の成績を気にしましたか？　おそらく、全く気にしていなかったと思います。

なぜなら、受験や就職試験というもっと重大な評価を受けるからです。

受験勉強中、通知表の成績で自分の学力を評価していましたか？　私はしていませんでした。私はこれと決めた問題集を解いていき、その解ける割合で評価していました。問題集を解いていくときには、一回目で解けた問題の問題番号を赤のラインマーカーで塗りました。そして赤のラインマーカーで塗った問題は次回以降では解きません。2周目以降に最初に解けた問題の問題番号を黄色のラインマーカーで塗りました。次に解けると赤いラインマーカーで塗り、次回以降は解きません。このようなことを繰り返している中で、赤で塗られた割合で自分を自己評価していました。

通知表を作成することは法に定められていません。子どもが自らの進路を主体的に考えられるならば、それは邪魔になります。もちろん指導要録は作成しなければなりません。その責任を負っているのは校長です。しかし、校長が作成しているわけではありません。学級担任が作成しています。しかし、前章で紹介したように子どもたちの自己評価に基づき、指導要録を子どもたちが作成することもできます。

もちろん、現行の学級担任が作成する指導要録は教頭、校長のチェックを受けます。しかし、概ね、情報開示を保護者から求められたときに、保護者が気にする表現をチェックするレベルに留まっています。ならば、子ども一人ひとりが自らの指導要録を作成し、それを学級担任、教頭、校長がチェックすればいいのではないでしょうか？　ビックリするかも知れませんせん、我々は子どもたちの自己評価力のすごさを実証的データに基づき知っているので、これはできることを確信しています。いや、**子どもたちが協働して作成するならば、忙しい教師より質の高い指導要録が期待できます。**

校長の権限で個別最適化はできる

やりたいことを実現した新任教師

　ある大学の学生に『学び合い』の手ほどきをしました。次の年に小学校教師になりました。その人から電話がかかってきたので、「『学び合い』やっている？」と聞きました。私が予想したのは「できませんよ。新規採用なんですよ」という返答です。**ところが、「はい、やっています。全ての教科で『学び合い』をやっています」という返答が来たのです。**ビックリして「そんなことしたら校長や学年主任や新採指導教諭の方々からストップがかからない？」と言いました。彼は「みなさん私が『学び合い』をやっていることを知らないと思います」とのことです。

彼によれば、彼は『学び合い』の授業中、従来型の授業だったら板書するであろう内容を板書し、子どもから「先生、それノートに写すの？」と聞かれると、「いいや、先生が書きたいから書いているだけ。ノートに写さなくていいよ」と答えるそうです。

この状態だと、廊下を通る校長から見ると、従来型の授業をしていて、たまたま話し合い活動の部分だと思うのです。おそらく、他の先生方からは話し合い活動が多い授業（いまの言葉で言えば主体的で対話的な授業）をしていると思われるでしょう。

私が「だれも写さないのに板書するのは虚しくない？」と聞くと、こともなげに「それで自分のやりたい授業ができるのですからお安いものです」と言いました。私は、「タヌキだな～」と言って笑いました。もちろん、彼は新採指導教諭の前では従来型授業をします。校内の先生方の前での研究授業では従来型授業をします。

校長の覚悟で学校は変えられる

千代田区立麹町中学校の工藤勇一校長は、中間・期末テストを廃止、担任制を廃止して「全員担任制」を導入、〝意味のない校則〟を廃止などの改革を断行しました。

すごいことだと思います。しかし、それらはそもそも教育法規で規定されていないものなので、校長の一存で決められるものです。そして、法規にないことなので校長の専権事項で、教育委員会が指導する法的根拠もありません。校長が毅然としていればいいだけのことです。教育法規をちゃんと読んでいる都道府県レベルの教育委員会だったら、何も言わないでしょう。

しかし、本章で書いたことはそれらとは違います。出席時数や、クラス編成や、指導要録は教育法規に規定されています。だから、教育委員会が何かを言うかもしれません。しかし、国の中央教育審議会答申「今後の地方教育行政の在り方について」（平成10年９月）において、以下のように述べられています。

教育委員会は、学校の管理権者として、法令の規定に基づき指示・命令を通じて学校における適正な事務処理の確保を図るとともに、**教育内容・方法等に関する専門的事項については、主として法律上の強制力のない指導・助言を通じて学校の教育活動を支援する仕組みとなっている。**学校が教育委員会の指示・命令に基づいて行った行為については、指示・命令を発した教育委員会が責任を負うべきであるが、**指導・助**

言については、これを受けてどのような決定を行うかは、校長の主体的判断に委ねられているものであり、それに伴う責任は第一義的には校長が負うべきものである。しかしながら、指示・命令と指導・助言の実際の運用に当たっては、教育委員会の担当者等と校長、教員、事務職員等との間でその区別が必ずしも明確にされないまま行われているため、当該指示・命令と指導・助言に基づく行為の責任の所在が不明確になっている場合があり、両者を明確に区別して運用する必要がある。

前章で紹介した一人の教師が複数のクラス・学年を同時に教え、担当時間を軽減した事例は、教育委員会にちゃんと説明し、正式に認められました。しかし、法規と自分の過去の経験を分けられない担当者もいます。ならば校長はタヌキになるべきです。先に述べたように、いま過労死レベルの教師が中学校で6割、小学校で3割です。教師のなり手が少なくなり、学級担任なし、教科担任なしのクラスが増えています。文部科学省や都道府県教育委員会は改善をできても改革はできません。ならば、保護者、学級担任、校長のそれぞれがタヌキになって、うまく折り合いを付けるというのも一つの方法です。

第 5 章

個別最適化を実現する未来

不登校、特別支援、ギフテッドの子ども・保護者が求める学び

新たな教育を生み出すのは誰か

先に述べたように、新たな教育が生まれる土壌は、現在の教育にもっとも不満を持っている人たちだと思います。それは不登校、特別支援、ギフテッド（即ちある分野の天才）の子ども・保護者です。彼らは個別最適化した教育をもっとも求めている人たちです。現状教育では救う道がない。だから、あえて苦労しても新たな教育にトライする人たちだと思います。

今後、現在の1条校の代わりに個別最適化を実現する学校として3タイプが思いつきます。

第一は、N高等学校やトライ式高等学院のような広域通信制の学校です。今後、初等教育にも生まれるでしょう。しかし、検索サービスがグーグルに集約されたように、大手の寡占が進むでしょう。

第二は、何らかに特化した広域通信制学校です。たとえば、海外名門校進学に特化したインフィニティ国際学院がこの一例でしょう。大学の数学科と連携したギフテッドのフリースクールも考えられます。学校教育法第九十条第二項を大胆に使う大学が生まれるかも知れません。

第三は、地元企業と連携したフリースクールです。これは就労体験が中心となり、デュアルシステムの学校です。特別支援の必要な子どもが、小学校、中学校の頃から、自宅から半径20km以内の事業所での就労体験をするのです（私の共著『特別支援学級の子どものためのキャリア教育入門』（明治図書）をお読みの方だったら、その意図がわかると思います）。

以上の学校は、どのような人、どのような大学、どのような企業とつながっているか、その数と多様性が勝負になります。

しかし、これらの学校しか個別最適化を実現する学校として期待できないということとになるのは、現状の学校・教師が従来型の授業にしがみついているならば、ということです。

本当だったら、これに一つ加えたい。それは1条校である公立学校が自分たちの強みを強力に活かし、個別最適化された教育を実現する場になるということです。その強みとは、小さい頃から一緒に学んだ人との生のつながりです。これを武器にすることです。

公立学校が、授業の中でも、地域で生まれた多様な子どもたちのつながりを活かし、授業が互いをサポートしあう関係を育む場であれば、それは個別最適化された教育の実現だけでなく、その地域で生きる子どもたちの長い人生を支えるリソースを生み出すことになるでしょう。

『学び合い』ならば実現できる

たとえば、『学び合い』を実践しているクラスでは、公立学校でも不登校、特別支援、ギフテッドの子どもが何らの問題なく学んでいます。

「一人も見捨てないのは自分にとって得だ」ということを、クラスをリードする子どもが納得しているクラスでは不登校が生じにくいのです。また、先に挙げた事例でもわかるように『学び合い』で個別最適化した学習を許せば、特別支援学級の子どもも通常学級の子どもと問題なく学習ができます。そもそも特別支援とは従来型教育に困難を感じ、支援が必要なだけです。

ドラッカーの『プロフェッショナルの条件』の中に「努力しても並にしかなれない分野に無駄な時間を使わないことである。強みに集中すべきである。無能を並の水準にするには、一流を超一流にするよりも、はるかに多くのエネルギーを必要とする。しかるに、多くの人達、組織、そして学校の先生方が、無能を並にすることに懸命になっている。資源にしても、時間にしても、強みをもとに、スターを生むために使うべきである」とあります。この言葉は、不登校、特別支援、ギフテッドの子どもを救う道を示すものだと思います。

先に述べたように、フィールズ賞（数学のノーベル賞と考えてください）を狙える子どもがいたとします。その子はみんなと同じように枕草子を学ぶべきなのでしょうか？　鉄棒の逆上がりをするべきなのでしょうか？　そのような子は小学校から、いや、それ以前から数学の専門書を読み、最先端の数学研究室のゼミに参加したほうが有益だと思います。

識字障害の子どもに漢字を読むことをトレーニングすることが本当に必要でしょうか？　トム・クルーズやスティーブン・スピルバーグが識字障害であることは有名です。彼らが苦労して字を読むことより、彼らの才能を伸ばしたほうがいいと思いませんか？　すでに文字認識をして読み上げる機器もあります。そもそも教師が一生懸命に教えていることの多くはネット検索で解決できるものです。

このように書くとすぐに「ネット検索で見いだした情報が正しいと判断する能力がなければならない」と言う人が現れます。しかし、本当ですか？　我々大人もそれができると言えますか？　少なくとも、私は専門外に関しては自信がありません。

しかし、我々は解決する方法を知っています。職場を思い出してください。上司が言っていることを理解できている職員はどれだけいますか？　わからない職員はわかりそうな同僚・先輩に聞きますよね。それこそがもっとも効率がいいからです。基礎的・基本的な学力という幻想より、解決するネットワークを活用するほうが重要です。

全ての子どもにとって必要なこと

再就職できるための人とのつながり

個別最適化された教育を誰にも身近な近所の公立学校で、『学び合い』で実現することは、不登校の子、特別支援の子、ギフテッドの子どもだけではなく、全ての子どもにとって必要なことです。

マーク・グラノヴェッターという社会学者は多数で多様な知人を持っている人は有利に生きられることを明らかにしています。

これからの日本は終身雇用が保証されない社会になります。いや、すでに実態としてはそうなっていると言えるかも知れません。中高年での再就職は困難です。マーク・

グラノヴェッターは就職・再就職できた人がどのような情報に基づいているかを調査しました。その結果、知人からの紹介が多いことを明らかにしたのです。おそらく親兄弟、親戚、親友のほうが一生懸命になってくれるはずです。しかし、実際は知人であることが重要です。なぜでしょうか？　親兄弟、親戚、親友の持っている情報、縁故は当人が持っている情報、縁故と重なっており、価値があまりありません。さらに、親兄弟、親戚、親友を100人、1000人持つことはできませんが、知人は可能です。もし、多様で、多数の知人を得ているならば、多数で多様な情報や縁故を得ることができます。

さて、皆さんが就職後に得た知人はどのような人たちですか？　おそらく、同じ職場の人たちです。しかし、同じ職場の人たちの場合、その企業が潰れたら一斉に失業します。他人の再就職を考えられる余裕はありません。

政府統計によれば、10年で3割の企業が倒産し、20年で半数が倒産する時代です。子どもたちの時代は年金が受給できるのは70歳、いや、75歳になるでしょう。そもそも年金制度が始まった当時の日本人の平均寿命は65歳程度でした。つまり年金を受け取ったのは5年程度です。それで制度設計されたのですから80歳支給開始もありえます。つまり、子どもたちは50年以上働かなければならないのです。当然、人生で複数の倒産に見舞われるでしょう。今後の日本では中高年の再就職はさらに困難になるでしょう。その中で再就職できる人は、就職前に獲得した知人の多様性と数によって決まるのです。つまり社会人になる前に知人を獲得する必要があるのです。

生活保護を教えてくれる知人を得るには

もし仮に再就職ができず、失業手当が切れてしまったらどうしたらいいでしょうか？　生活保護を受けなければなりません。ところが「最後におなかいっぱい食べさせられなくて、ごめんね」と書いて餓死した親子がいました。なぜ、生活保護を受けなかったのでしょうか？　それは生活保護という制度を知らなかったからです。そんなバカなと思われるかもしれませんが、大化の改新は学校で教えてもらうかもしれませんが、生活保護について学校で教えてもらったでしょうか？

生活保護の制度を知っている皆さんも、受給には４つの条件があることをご存じですか？　第一に、収入が一定金額以下であること。第二に、資産がないこと。この二つは当然ですね。しかし、あと二つの条件があります。第三に、働けないこと、または、困難であること。第四に、三親等以内の親族から援助を得られないこと。以上を役所の担当者に納得させなければならないのです。

しかし、自分は働けるが子どもや親が重度の障害を持っているため、介護が必要で働けないとします。失業で自己評価が下がっている人が、赤の他人である担当者にそのようなことを話すのはためらわれると思いませんか？

親族は頼りになるものですが、関係が疎遠になっている場合もあることはご存じだと思います。そのようなことを赤の他人の担当者に話すことはためらわれると思いませんか？

もし、言いよどむことがあれば、不正受給を疑った担当者に問い詰められてしまいます。やがて諦めて、そして……。

では、どうしたらいいでしょうか？

再就職できず、困っている人に生活保護という制度があることを教え、一緒に役所に行って説明する人が必要です。その人は、家族関係をよく知っている人です。そのような人といつつながったらいいでしょうか？

それは、学校で学んでいる時期ではないでしょうか？

共働き家庭の生き残り戦略は

先に述べたようにこれからの多くの子どもたちは非正規雇用になるでしょう？ つまり年収170万円で生きなければなりません。どうしたらいいでしょうか？ 江戸時代から「一人口は食えないが、二人口なら食える」という言葉があります。結婚すれば夫婦の総収入は340万円になります。二人で生活すれば、食費、住宅費、光熱費等は2倍にはなりません。これからの時代、夫婦共働きでなければ生きられない時代です。少なくとも豊かに生活しようとするならば、必須条件です。これは老後の年金も同じです。

さらに互いの得意なものを分担するメリットがあります。また、病気や失業に伴うリスクを分散する効果もあります。

さて、夫婦共働きで一番大変なのは何でしょうか？ それは子育てです。現在、夫婦共働きで子育てしている人は親御さん、つまり、祖父母に頼っている人が多いと思います。ところが、今後は状況が変わります。昔の祖父母は60歳になれば年金生活に入ります。だから、孫の世話もできました。ところが今後の祖父母は70歳、75歳まで働かなければなりません。したがって、夫の祖父母、妻の祖父母の両方の協力を得て、6人で子育てをする必要があります。さて、夫の祖父母は自宅の近くで、妻の祖父母は隣の市だったとします。さて、妻の祖父母に「保育園に迎えに行って」と言えるでしょうか、それも頻繁に。おそらく無理でしょう。どの範囲内に住んでいたら頼みやすいですか？　おそらく、中学校区が目安だと思います。つまり、夫と妻の実家が同じ中学校区であることが望ましいのです。さて、2人の出会いはどこであるべきですか？

この話を先生相手の講演で話すと最初は笑います。しかし、やがて真剣に考えるようになっていただけます。残念ながら現状の学校はほど遠い状態です。小学校高学年以降は男女の垣根が生じます。本当は学校で自然に男女がともに学び、ともに達成する経験を積み上げられるべきなのです。

子どもたちが60歳、70歳、80歳になった時の幸せを決めるのは学校時代なのです。

『学び合い』でできること

先に述べたように、学校時代が子どもの70歳、80歳、それ以降の幸せを決めています。いや、生き死にを決めているのです。では、現在の学校にフィットできない不登校、特別支援、ギフテッドの子どもたちはどのようにしたらいいでしょうか？

『学び合い』だったら、それを解決できます。

不登校の子どもの家に担任教師が訪ねて面談する場合があります。もし、不登校の原因がその教師だったら有効でしょうが、多くの場合そうではない。だから、無効なのです。保健室登校は教室という部屋が不登校の原因だったら有効でしょう。しかし、それが原因ではないので無効です。不登校の原因は、クラスメートがその子を受け入れていないからです。だから解決方法は、クラスメートの多くがその子と一緒に勉強したいと思い、それをその子に伝えればいいのです。

『学び合い』での不登校の解消過程を紹介します。

一人も見捨てないことは自分にとって得であることを語り、『学び合い』を開始します。クラスをリードする子は自分の親しい子をサポートします。やがて親しくないが話せる子をサポートするようになります。最終的に、いままで話したことのない子をサポートするようになります。そうしないと全員達成できないからです。クラスの多くの子どもはリードする子どもに準じた行動をします。やがて、みんなで一人も見捨てないことは居心地がよいし、勉強にもよいことがわかるのです。

この段階で教師が「このクラスは30人います。しかし、いま、教室にいるのは29人です。それでいいでしょうか?」と問いかけるのです。そうすると、その子と幼稚園の時、小学校の時に遊んだことのある近くの子どもが中心になって、その子の家を訪問します。その子の部屋で、何となく遊ぶことが続きます。そのうちに、その子が保健室に登校するようになります。そうすると、休み時間に保健室にクラスの子が遊びに行きます。学校内ですので、いままでその子の家に訪ねたことのない子も遊びに行きます。その中で、その子は自分は受け入れられていることを知るのです。

特別支援の子どももクラスの中で受け入れられます。我々は特別支援の子どもが授業中に教師（もしくは介助員）から受けている指導を記録し分析しました。その結果わかったのは、その多くは（全部ではありません）子どもでもできることだったのです。

知的障害がある場合は特別支援学級での課題を通常学級でやればよいのです。特別支援学級の教師の中には、「それではかわいそうだ」と思う人もいます。しかし、「かわいそう」と思うことが、子どもをかわいそうにしてしまいます。人には得手不得手があります。それと折り合いをつけて生きなければなりません。教師が教えるべきは、四則演算より、得手不得手は人の幸せを決めるものではない、ということです。それを伝えるためには、得手不得手をあらわな状態にして、そこで支え合う経験を積み上げることです。

中学校3年英語の授業で、多くの子どもは受験勉強をしている中で、絵の得意な知的な障害がある子が絵を描いていました。文化祭のポスターをつくっていたのです。その子は下書きを書いて、周りの同級生にアドバイスを得ていました。それがとても自然でした。

ギフテッドの子どもも救われます。

その子はいままでの授業では周りに合わせなければならないのです。ところが『学び合い』の授業はそうではありません。全員達成をするために自分のできることをやりながら、自分の興味関心があることに時間を費やせるのです。ギフテッドの子どももも普通の人と一緒に仕事をしなければなりません。それを学ぶことができます。

保護者から要求してください

『学び合い』は全国に広がっています。しかし、お子さんが通学している学校や担任が『学び合い』の実践者であるとは限りません。その場合はどうしたらよいでしょうか?

先に述べたように広域通信制が一つの鍵となります。広域通信制高校の中には、子ども同士がネットを介してつながれる仕組みを設けている学校はあります。おそらく多くの全日制高校より多様で多数の知人を得ることを可能としています。そして、スクーリングを組み合わせることによって、生の人とのつながりを学べます。現在は広域通信制の中学校はありませんが、先に述べたN中等部が生まれています。小学校段階の広域通信制が生まれるのは時間の問題です。

社会は個別最適化を求めています。不登校、特別支援、ギフテッドの子どもが学校に適応できないのは、その子たちの問題ではなく、いまの学校制度が時代遅れのためなのです。いまの学校のほかにも、時代に対応したフリースクールや各種ＮＰＯが生まれています。それを探し出し、それとつながり、所属してください。

学校で教師がトーク＆チョークで教えているレベルのことは、ネット動画で十分です。いや、おそらくネット動画のほうがわかりやすいと思います。

私にはある映像がありありと見えるのです。それは校長室です。そこには担任教師と校長が座っており、その向かい側に保護者がいます。その保護者はＰＴＡ役員になるような人たちです。そこでの会話です。

保護者A：田中先生、校長先生、お時間をいただきありがとうございます。本日はお願いがあって参りました。

校長：何でしょうか？

保護者B：田中先生の指導は行き届いて、子どもたちも田中先生が大好きです。しかし、授業の内容のレベルが低いのです。もちろん、わかっています。クラスの中にはさまざまな学力の子どもがいます。その子たちのことを思えばレベルを上げられないことは当然です。しかし、我々の子どもは私立学校を受験しようと思っています。いまのレベルの授業を受けていては合格できません。そのため、お許しいただきたいことがあります。

校長：具体的にはどのようなご要望がありますか？

保護者C：ネット上には子どもに合った授業のネット動画あります。また、受験のための参考書、問題集があります。そこで、ｉＰａｄは我々が用意しますので、それを授業中に使って勉強することをお許しください。もちろん、イヤホンを使いますので、授業のお邪魔にはならないようにします。

校長：ご主旨はわかりました。しかし、学校は勉強するだけではなく、人と人との関わりを学ぶところです。ネット動画ではそれは学べません。

保護者A：お言葉ですが、人と人との関わりを授業で学べますか？　授業を参観させていただきましたが、授業のほとんどは田中先生のトーク＆チョークの時間でした。子どもが話すのは田中先生とです。これで、人と人との関わりを学べますか？　もちろん、休み時間はみんなと関わります。

校長：しかし、学校でｉＰａｄで学ぶというのは……。

保護者B：私は弁護士ですが、法律を調べましたが、それを制限する法はありません。

校長：確かに……。
保護者C：では、校長は我々の子どもの可能性を潰すおつもりですか。
校長：……。

このような会話の結果として、iPadで学ぶことを許したとします。その後、何が起こるでしょうか？

そのクラスで一番成績のよい3人がiPadを使って勉強するのを周りの子どもが見ているのです。周りの子どもは休み時間にiPadで何を学んでいるかを見せてもらいます。わかりやすい授業動画がいっぱいあることを知ります。それを家に帰り保護者に語ります。保護者の中で「勉強がよい子はiPadで勉強する」と考える人が出てくるようになるでしょう。3人以外の保護者もiPadを使わせて欲しいと学校に申し入れをします。その数はあれよあれよという間に増えていきます。

結果として、クラスの過半数はiPadで勉強しています。iPadを買い与えられない家庭の子ども、子どもの教育に関心がない家庭の子どもだけが授業を聞くことになります。おそらくいままでの授業で頼りにしていた子はiPadで勉強する側の子どもでしょう。

『学び合い』だったら問題なくｉＰａｄを使った授業を実現できます。実際に実践しています。子どもたちは友だちと一緒にｉＰａｄを見て、そのことを相談することによって勉強を進めていました。

保護者が正当に個別最適化を求めることによって学校が変わるのです。

特別支援の子どもに何が必要か？

私たちは2年間かけてインタビュー調査を行いました。調査対象は特別支援学校を卒業して10年、20年経った人の保護者とその人たちが働いている事業所の人です。質問は学校で何を学べばいまの仕事・生活で役立つかを聞いたのです。その結果、「四則演算を覚えて欲しい」「漢字を読めるようにして欲しい」というようなことを言う人はいませんでした。我々は「計算ができなかったら仕事ができないのではないですか？　仕事をするならば日本語を読めなければならないのではないですか？」と聞きました。すると事業所の人は「我々はその人に合った仕事を探します。その人に合った指示を行います。文字が読めなかったら、マークや色を使って指示します」とこともなげに言われます。そして、事業所の人が学校で学んで欲しいこととしてあげたのは、人とのつながりを持てるようになることです。そして、失敗する経験をさせて欲しいと言うのです。

残念ながら、心優しい教師が特別支援の子どもを守ろうとします。結果として、多様な人とつながる機会を奪っているのです。そして失敗しないように失敗しないようにと先回りして段取りを組みます。そのため子どもは失敗しません。仮に失敗したとしても、それは失敗ではないとその子に言います。このような教育を受けた子どもは事業所で人間関係をつくることができません。さらに失敗し、それを事業所の人から指摘されたとたんに「虐められた」と思ってしまうのです。結果として事業所を辞めて、家に引きこもってしまうケースは少なくないのです。

ぜひ、『特別支援学級の子どものためのキャリア教育入門　基礎基本編』『特別支援学級の子どものためのキャリア教育入門　実践編』（明治図書）をごらんください。親なき後の子どもの幸せを実現するには何が必要であるかがわかります。おそらくビックリすると思います。その上で、我が子のために正当に求めてください。それが我が子が救われる社会を近づけます。

『学び合い』のヴィジョン

『学び合い』は面白い授業、わかりやすい授業を実現します。少なくとも教師のわからない授業を1時間聞くより、友だちと教え／教えられるほうが「マシ」なのは当然です。

しかし、『学び合い』は面白い授業、わかりやすい授業を目指しているのではなく、子どもたちの一生涯の幸せを願っています。だから、その日の授業、その年の授業ではなく、上記のような学校卒業後のヴィジョンを持っています。それゆえに、子どもたちに「一人も見捨てないのは得」と語れるのです。

もちろん、全ての子どもが納得するわけではありません。しかし、社会スキルが高く、クラスの世論を形成できる2割の子どもは理解できます。そして、多くの子どもは、少なくとも「一人も見捨てないのは得」と振る舞うことは自分にとって得であることは理解できます。それで十分なのです。

理想の学校とは

学校は何をするべきなのか

本書では子どもが卒業してから50年以上先を見越して、教育を考えています。そして、就職できるかどうかを大きなポイントとしています。それに対して、「教育はそんなに短期に結果は出せない」「学校は職業訓練校ではない。普通教育を行うべきだ」と思い、反発する方もおられるかも知れません。

しかし、「教育はそんなに短期に結果は出せない」と言う方は、「教育はそんなに短期に結果は出せない。しかし、中長期に○○の結果を出せる」ことを実証すべきです。それがなければ無責任です。我々は、現在の学校教育の内容が中長期において万人に必須のものではないことを、成人や教師に対する実証的データで示しています。

ご存じのとおり、終身雇用制は崩壊し始めています。そもそも、神武景気以来の連続する60年間の中で終身雇用という雇用慣習が生まれたのです。このような雇用慣習のある国は日本以外にありません。少子高齢化する日本で終身雇用は維持できません。

終身雇用の社会では、学校が「学校は職業訓練校ではない。普通教育を行うべきだ」と思って、職業教育を何もしなくても、就職したならば企業が職業教育を行います。終身雇用でない諸外国ではそんなことはしません。なぜなら、仕事もできない人に給料と教育を与えても、一人前になれば他社に引き抜かれるからです。だから、即戦力を求めます。ところが、学校は未だに「学校は職業訓練校ではない。普通教育を行うべきだ」と考えています。その結果として、いま、多くの子どもは非正規雇用として一生を過ごす人生に追いやられているのです。

私が教育基本法の第1条を改正するとしたら、「教育は、就労、納税、子女の教育のできる国民の育成を期して行われなければならない」とします。なぜなら、学校教育の目的は国民の育成です。そして、憲法が国民に求めているのは就労、納税、子女の教育だけです。それ以外は個別最適化すべきだと思います。

理想のクラスとは

色々な人から「西川先生にとっての理想の『学び合い』とはどんな姿なのですか？」と聞かれます。私は「**いまの**私の『学び合い』は、**いまの**西川ゼミだよ」と答えます。当然ですよね。そして、それは常に進化しなければなりません。「自らの製品、サービス、プロセスを自ら陳腐化させることが、誰かに陳腐化させられることを防ぐ唯一の方法である」というドラッカーの言葉が大好きです。

西川ゼミでは私が『学び合い』の入門者用に書いているテクニックは使いません。たとえば課題のできていない子に子どもたちが気づいて助けられるようにするため、状況を可視化するネームプレートを使う方法がありますが、ネームプレートなどは利用しません。なぜなら、ネームプレートを使わなくても、互いのことを気にかけていますから。教師が子どもたちのよい行動を共有するために価値付けする可視化のテクニックも使いません。また、「一人も見捨てず」とも言いません。なぜなら、何がよくて、何が中長期で、自分にとって何が得かは、定期的なゼミを通して常に語るからです。

西川ゼミのルールは基本的に以下の三つです。

1．問題状況を生じさせない。

2．上記の問題が生じた場合（西川に指摘される場合も含む）、西川に愚痴を言うのではなく、自らで解決する。

3．上記の解決において、メンバーを集団から排除する方法は採らない。

ゼミ生に与える課題は「自分の心に響き、多くの人の心に響く教育研究を通して、自らを高め、一人も見捨てない教育・社会を実現する」という抽象的なものです。具体的な課題を設定するのはゼミ生一人ひとりです。「自分の心に響き、多くの人の心に響く教育研究を通して、自らを高め、一人も見捨てない教育・社会を実現する」に沿わない課題をゼミ生が選んだとしてもペナルティは課しません。大学の教務規則を満たす学修成果を上げたなら、卒業・修了することができます。

守秘義務のある情報（たとえば人事など）以外の情報は全てゼミ生に公開しています。そして私が大学に出す書類のほとんどはゼミ生自身が作成しています。大学から、書類作成依頼のメールが来ると、ゼミ生メーリングに転送します。また、教員採用試験での人物評価の文案は本人が書き、ゼミ生集団でチェックしたものが私の所に送られてくるのです。私はゼミ生30人弱の秘書集団に守られているのです。それゆえに、上越教育大学でもっとも大きいゼミを維持管理し、書籍・雑誌を執筆し、全国で講演し、所属するコースのコース長を務めることができます。そして、私は朝晩、必ず家族と食事することができます。

私が何もしていないのでしょうか？　もしそうだったらゼミ生集団に見限られてしまいます。そもそもそんなゼミを希望する学生が30人弱いるわけありません。私は次のようなことをしています。

ゼミ生が学ぶべきだと思うことは書籍にまとめてあります。そして、それを読むことを課しています。週1でゼミをします。そこでは7、8人のゼミ生が本を読んでわからなかったこと、実際に実践して困ったことを私に聞きます。それを何度も繰り返します。その中で『学び合い』の理論を学び、「自分の心に響き、多くの人の心に響く教育研究を通して、自らを高め、一人も見捨てない教育・社会を実現する」ことが自分にとって得だということを理解します。それゆえに強制する必要がありません。

私は外部から予算を獲得し、ゼミ生に任せます。ゼミ生が希望する研究・実践を実現するために、私の持っている全国レベルの人的ネットワークを駆使します。

こんなことを書いていると、小中高の教育とは違うと思われるかもしれませんが、小中高でも実現することができます。

教師が作成する書類の多くは子ども集団でも作成することができるのです。事実、子どもたちが学級通信の作成をしている『学び合い』クラスはあります。単元『学び合い』をやれば、クラスを5分の1ずつ、教室の後ろで徹底的に面談することはできます。教育関係の財団に書類を書き、予算を獲得することができます。自分の人脈を子どもたちの希望する活動に活かすこともできます。

私の理想とする教室とは、職場です。ただし、産業革命初期の単純労働者ではなく、中世のマイスターであり、現代の知的労働者の職場です。その職場における労働者は、生活の糧を得るとともに、それ以上に一人ひとりの自己実現を目指して、自らの希望で働いています。そんな職場を目指しています。

理想の教師とは？　——リッカートによる管理者の研究

理想とする教室を「職場」と考えているので、経営学の本を読むようになりました。

色々読みましたが、50年、60年代に行われたリッカートらの研究は参考になります[xiii]。というより、我々の考えと一対をなしていると言えます。

彼らの研究の特徴は、業績を上げている部署の管理者の特徴と、業績を上げていない部署の管理者の特徴を、実証的に調査した点です。研究としては当たり前のことですが、実際にそのような研究をした事例は驚くほど少ないのです。想像してください。良い教師と悪い教師の比較研究をすることがいかに困難なことかを。特に、問題を起こした教師を大量に調査対象として集め、それらのデータを集めることは、ほぼ不可能です。その意味で、彼らの研究は極めて興味深いです。

彼らの研究によれば管理者は「独善的専制型」「博愛的（温情的）専制型」「相談型」「集団参画型」に分かれる。そして、「集団参画型」の管理職がもっとも業績を上げており、以下、「相談型」「博愛的専制型」が続く。そして、「独善的専制型」がもっとも業績の低い管理職です。それぞれの特性をリッカートを参考にして筆者なりに教師と子どもの関係に置き換えて次ページに表にまとめました。

この表を見て、自分は独善的専制型であると思われる教師はほとんどいないでしょう。しかし、子どもから見たとき、どのように思われているかが重要なのです。

	独善的専制型	博愛的（温情的）専制型	相談型	集団参画型
教師が子どもに対して持つ信頼度	子どもを全く信頼していない	恩着せがましい信頼を持っている	信頼はあるが十分ではなく、意思決定の際には統制を持ちたいと望む	あらゆることについて子どもを十分信頼している
教師の仕方に関するアイディアのくみ上げ	子どものアイディアを取り上げることはめったにない	ときに子どものアイディアを取り上げる	普通、子どものアイディアを取り上げる	常に子どものアイディアを取り上げる
動機付けの方法	懲罰、時に報酬	報酬、若干の懲罰およびその予告	報酬、ときに懲罰、若干の関与	参加を通じてやる気を起こさせる。集団で目標を設定し、評価させることによってやる気を起こさせる
責任感	教師は持つが子どもは持たない	教師は持つが子どもは少ししか持たない	子どもたちは、目標に向かって行動する	教師も子どもも自分の役割に関して責任感を持つ

それでは、以下が管理者（皆さんの場合は教師）の仕事として妥当かどうかを考えてください。

1．全体の作業の手続きを、単純な構成部分もしくは仕事に分解する。
2．それぞれの構成部分を実行するためにもっともよい方法を開発すること。
3．このような一つ一つの仕事を遂行するための、適切な素質と技術を持っている人間を雇い入れること。
4．定められた最上の方法で、これらの人々が各自の仕事ができるように訓練すること。
5．仕事の時間分析等で決められた妥当な速度で、一定の手順に従って従業員たちが規定の仕事が遂行できるような管理方式を整えること。

いかがですか？　実は、これは「独善的専制型」の管理者の典型的な行動であり、業績の低い管理者の特徴です。独善的専制型の管理者は、従業員が仕事の効率を上げられるように、あの手、この手を繰り出すのです。しかし、集団参画型の管理者は仕事の方法は任せています。たとえば、集団参画型管理者は「高い水準を上げるための方法は、部下たちが目標を達成しているかぎりは、彼らが望むような方法で仕事をさせることです」。

また、独善的専制型と集団参画型というと、前者より後者のほうが子どもの近くに長くいるように感じられるかも知れませんが、実際は違います。

本当に有能な管理職の距離感

「高い生産性をあげている監督者や経営管理者は、部下に対して、何が目標であるのかということや、どんな要求が達成されるべきかということを明らかに示した上で、彼らの自由に仕事をさせる。部下たちは自分たちで進度を整えることができるし、自分たちで見出した、仕事をする上で一番よい方法で、自身のアイディアや経験を用いることができる。低生産部門を受け持っている監督者は、高生産部門の監督者よりも部下とともに多くの時間を過ごす傾向があるけれども、その時間は、〝これしろ、あれしろ、こうしろ、等々〟という短い時間に分断されてしまうのである」

また、科学者の業績を分析すると、上司と毎日接触しているが、研究に関して独立性を保持している人が一番業績が高かったのです。上司との接触に時に何に時間を費やしているかと言えば、〝これしろ、あれしろ、こうしろ、等々〟のような命令ではなく、質問を多くして、その仕事に対する関心と熱意を示すことに費やしています。

ところが、教育の世界では独善的専制型が有効だと考えられています。よく言われる「指導なきところに進歩なし」などの言葉に端的に表れています。そのような誤解が生じる理由は、ちゃんとした測定がなされていないためであるとリッカートは分析しています。

職員室と教室は同じ

独善的専制型校長の学校に自分が勤めている状態を想像してください。息が詰まるような職場でしょう。もし、その校長が愚かで、校長の専制的な指示によってはっきりとした効果が見られなければ、早晩、職員から見放されます。そして、「やったふり」をするか、職員総反発（教室に置きかえれば学級崩壊）となります。

ところが、その校長がある程度以上の能力があり、その指示どおりのことをすれば目に見える効果が上がったとします。たとえば、地域共通テストでその学校の成績がトップに躍り出たとしましょう。そうすれば、おそらく職員からは「さすがすごい校長だ」という評価が定まり、その校長から過酷な要求をいくらされても、そうすればよいんだ、となります。

さて、その結果、さらに成績が上がる。さらに、要求がなされる…。さて、この状態は、ある一定期間ならばハッピーエンドに見えます。しかし、この状態が1年、2年続いた状態を想像してください。全ての職員はカリスマ校長のほうを向いて仕事をして、職員同士は向き合っていません。結果として息が詰まる職場になる。職員は競うように夜遅くまで仕事をして、誰も帰りません。結果として、全員が疲れてしまいます。ひどい場合は、本当に病気になってしまいます。

ちなみに「集団参画型」の管理職の職場においても、職員が夜遅くまで仕事をして、業績を上げることはあります。しかし、中身が違います。職員同士が向き合って支え合っているので、気持ちの疲れ方が「独善的専制型」とは格段に違います。また、お互いの得意な分野を補い合っているので仕事の効率が格段に違います。互いに理解し合っているので、家庭にどんな事情があっても帰れないということもありません。

そして、アイディアの多様性、質の高さが圧倒的に違います。「独善的専制型」管理職の職場ではアイディアを出すのは管理職のみであるので、限界があります。ところが集団参画型の職場では職員全員が出します。

リッカートが述べているように、決まり切った仕事の場合は「独善的専制型」管理職でも業績を上げることができますが、創造的な仕事では不可能です。そのことは学術研究を仕事としている筆者の実感です。もし、私一人だけでアイディアを出していたならば、とても現在のような論文生産量を維持できるわけはありません。

実は、テレビや漫画に登場する「全て」の教師は独善的専制型教師（十歩さがっても博愛的（温情的）専制型）です。両者の違いは独善的専制型教師プロトタイプが罰や暴言を乱発するのに対して、その数が少ないか、教育愛（？）にオブラートされているか否かの違いです。嘘だと思うならば、ドラマの主人公が授業の中の学びの方法のレベルのことに関して「どうやったらいいだろうか？」と子どもたちに相談している場面をどれだけ思い出せるか考えれば自明です。さらに、子どもたちに言い負かされる場面がどれだけ多いか思い出せばよいのです。テレビや漫画の教師の主人公は、どうやったらいいか断固として語り、子どもたちが感激する構図ばかりです。

管理者に求められる資質

リッカートの主張が我々の『学び合い』と一対となっていることに筆者は読みながら驚きました。なお、もう一つ書き加えます。おそらく、多くの教師にとっては不快な情報だと思います。それは管理者に求められる資質に関してです。

「優秀な会社を管理している経営管理者は、生命保険が、社会で価値のある重要な役割を果たしている信念を持っているし、その信念を部下の職員に伝達することができる。仕事の重要性に関して感化力のある熱意を持っていることは、保険会社の業績と著しい関係があり、組織体の目標に対する経営管理者の態度の重要性を示している。使命あるいは仕事が価値あるものだという信念は、高水準の課題遂行を倍加することを可能とするのである。

組織する技能および技術的知識（たとえば、企画者、組織者、訓練者、〝販売に熟練している〟〝生命保険にくわしい〟）も、また保険会社の業績と正の相関を有するのであるが、しかしこの関係は、人間的側面における多くの関係に比べて、あまり著しいものではない。（中略）部下たちの成功や部下たちがうまくやっていることに関して、上役のほうで誠実に関心をしめし、非利己的に気をくばることが、彼らの業務遂行に極めて効果を持つものである」

教師と子どもの違いは何でしょうか？　ものを知っている人、知っていない人ではないと思います。それゆえ、知っている人が知らない人に教えるのが、教師と子どもとの関係ではないと思います。教師と子どもの違いは、それを学ぶことが意味あることだと確信している人と、まだの人だと思います。「それを学ぶことが意味あることである」という確信を伝えることが教育であると私は確信しています。

教科の内容に関する知識・技能が、もし学ぶことに意味があるという確信につながらず、確信を伝えられないならば無意味です。

誤解を恐れずに極論を語るならば、「知識・技能はありつつ、意味があるという確信を持てない教師」と「知識・技能は未熟だが、意味があるという確信を持てる教師」がいた場合、筆者は後者を選びます。もちろん両者は両立すべきです。しかし、リッカートらの調査結果から言えば、両者に必然的な強い相関関係はありません。知識・技能がありさえすえば、おのずと確信が得られるというのは、あまりに素人的な仮説です。

ただし、以上のようなリッカートの考え方は、現在は主流ではありません。リッカートはフォロワーに関わらず、最適なリーダーシップがあると考えています。しかし、1970年代以降はフォロワーによって最適なリーダーシップがあるという考えが主流です。たとえばハーシィらの状況対応リーダーシップの場合、能力も意欲も低く、不安をしめすフォロワーの場合は、具体的に指示し、事細かに監督するリーダーシップが有効だとしています。

そして、能力や意欲が高まるにしたがって説得的になり、参加的になる。能力や意欲の高いフォロワーの場合は、仕事の遂行の責任をゆだねるリーダーシップが有効だとされています。

リッカートの言葉で言えば、能力・意欲が低い際は独善的専制型が有効で、能力・意欲が高い場合は集団参画型が有効であると表現できます。学校におけるリーダーシップに関して、我が国で素晴らしい研究がありますが、これもフォロワーの視点で徹底してみるという流れの中にあります。

現実に活かせるリーダー論

現在のリーダー論を理解した上でもリッカートの研究が教育にはもっとも意味があると考えています。第一の理由は、最近の経営学の研究は筆者の感覚から言えば「細かすぎる」という印象を否めません。あたかも教室における教師の言動のミクロ研究と同じで、「確かにそうだが、そんなことばかり意識していたら授業できないだろう？」と感じます。つまり、よい教師の特徴を明らかにすることはできたとしても、それに基づいて授業改善に繋げられません。

第二の理由は、学校教育における教師を子どもの能力・意欲によってコロコロ変えることは不可能だからです。たとえば、5月までは能力・意欲が低いから独善的専制型教師が担任するが、子どもたちの能力・意欲が高まったから6月以降は集団参画型の教師に担任を代えることは不可能です。

指導の姿は、その教師の子ども観、授業観、学校観の鏡です。そんなに器用に変えられるものではありません。したがって、この場合は、独善的専制型教師が6月以降は集団参画型の皮をかぶるか、集団参画型の教師が5月までは独善的専制型教師の皮をかぶるかのいずれかです。

筆者は集団参画型教師が、早くその状況を脱して欲しいと願い、自責の念を感じながら短期間は独善的専制型教師の皮をかぶることは可能であると思っています。しかし、独善的専制型教師が集団参画型の教師の皮をかぶっても、子どもはその化けの皮をはがしてしまいます。いずれにせよ不自然です。

西川ゼミでは様々な学校段階、学年、教科で実践研究を行いました。その結果から言えば、子どもは能力と意欲が高いことを確信しています。したがって、そのような子どもたちに対しては、集団参画型を理想としたリッカートの研究がフィットします。

なお、現在においても管理職において重要なのは専門能力ではなく、対人能力であることは一般的です。専門能力がもっとも重視されるのは一般従業員レベル、下位管理職xiv（主任レベル、係長レベル）までのことです。つまり、専門能力が重要だと感じられたとしたならば、それは一般従業員（即ち子ども）と同じレベルの仕事をしているということです。つまり、従来型の授業における教師の立ち位置は、管理職ではなく、職場の先輩程度の立ち位置なのです。

あとがき

皆さんは、どんな社会で子どもたちが生きていくことを望みますか？　私にはそのヴィジョンがあります。

土曜日の夜です。小学校、中学校、高校の体育館や教室には地元の人たちが集まります。各自、酒やソフトドリンクを持参します。昨日の夕食のおかずを多めに作りタッパーに入れてきています。そして、そこここで酒盛りがはじまるのです。多くは夫婦と子どもで参加します。夫婦の多くは、その学校で知り合いました。だから、そこにいるのは『学び合い』で一緒に勉強した人たちです。同級生もいますが、異学年『学び合い』で一緒に学んだ先輩・後輩も一緒です。「一人も見捨てずに」で一緒に学んだ人たちです。

誰かが失業したと知れば、誰かが「俺のところに来いよ」と声をかけます。子育てに悩めば、直ぐにアドバイスをします。忙しいときは、子どもを預かってくれます。

そんな地域なのです。

クラスに一人くらいいるアイディアマンがニッチなニーズを拾い起業した、数十人規模の企業がその地域にはたくさんあります。社員の多くは、一緒に勉強した同級生や先輩・後輩、その家族です。人間関係を通じてそれらの企業は企業群を構成しています。

昔は就職先が一生涯を保証してくれました。しかし、これからの日本の企業は保証できません。先に挙げたその地域の企業も倒産することはあります。しかし、人間関係で通じた企業群が地域の人たちの一生涯を保証するのです。これが私の考えるパラダイスです。Society 5.0を実現するのは人工知能でも、ロボットでも、ドローンでも、インターネットでもありません。それは価値観の変革によって実現します。それを可能とするのは「一人も見捨てずに」学び合う個別最適化された学びであると私は確信しています。

上越教育大学教職大学院教授

西川　純

参考文献

ⅰアルビン・トフラー『第三の波』（中公文庫）、『富の未来（上・下）』（講談社）をお読みください。

ⅱ西川純、新井郁男、熊谷光一、田部俊充、松本修(1997.8): 生涯教育から見た各科教育、学校教育研究12、日本学校教育学会、136-147

ⅲ西川純、新井郁男、熊谷光一、田部俊充、松本修(1998.7): 生涯教育から見た各科教育（その2）、学校教育研究13、日本学校教育学会、124-136

ⅳクレイトン・M・クリステンセン『イノベーションのジレンマ』増補改訂版（翔泳社）をお読みください。

ⅴ文部科学省、広域通信制高等学校の質の確保・向上に関する調査研究協力者会議（第5回）配付資料平成29年4月11日

ⅵ辺土名智子、西川純(2004.11): 中学生の教科学習への参加構造と学びの関連性、臨床教科教育学会誌、臨床教科教育学会、2(1)、29-37

ⅶ川上達也、西川純(2006.10): 子どもたち同士による啓発活動に関する研究、臨床教

科教育学会誌、6(1)、53-56

viii 中井弘子・水落芳明・桐生徹・神崎弘範・西川純：中学校理科授業における学習者の相互作用による自己評価に関する事例的研究、理科教育学研究、日本理科教育学会、51(1)、93-102

なお、小学校での事例は杵淵眞さんの修士論文で明らかにしました。

ix 子どもたちが評価基準をつくる実践に関しては、『アクティブ・ラーニングの評価がわかる！』（学陽書房）をお読みください。

x 太田秀人、西川純(2004.11): 学習過程における集団の機能と構造に関する研究、臨床教科教育学会誌、臨床教科教育学会、3(2)、19-40

xi Eskritt, M. & Ma, S. (2014). Intentional forgetting: Note-taking as a naturalistic example. Memory & Cognition, 42, 237-246.

xii 野口雄一、西川純(2009.5):『学び合い』をリードする学習者に関する研究、臨床教科教育学会誌、臨床教科教育学会、9(1)、35-60

xiii R・リッカート『組織の行動科学―ヒューマン・オーガニゼーションの管理と価値』、ダイヤモンド社、『経営の行動科学―新しいマネジメントの探求』、ダイヤモンド社をお読みください。

xiv 一般従業員と同じ仕事（たとえば営業）をしている管理職。

著者紹介

西川 純（にしかわ　じゅん）

1959年、東京生まれ。筑波大学教育研究科修了（教育学修士）。都立高校教諭を経て、上越教育大学にて研究の道に進み、2002年より上越教育大学教職大学院教授、博士（学校教育学）。前・臨床教科教育学会会長。全国に『学び合い』を広めるため、講演、執筆活動に活躍中。主な著書に『すぐわかる！　できる！　アクティブ・ラーニング』、『2020年　激変する大学受験！』、『2030年　教師の仕事はこう変わる！』（いずれも学陽書房）、『高校教師のためのアクティブ・ラーニング』（東洋館出版社）、『アクティブ・ラーニング入門』（明治図書）ほか多数（なお、西川に質問があれば、jun@iamjun.comにメールをください。誠意を持って返信します。真面目な方からの真面目なメールに対しては、誠意をもって返信します）。

人生100年時代を生き抜く子を育てる！

個別最適化の教育

2019年11月5日　初版発行
2020年　6月5日　4刷発行

著　者――――――西川《にしかわ》　純《じゅん》

発行者――――――佐久間重嘉

発行所――――――学 陽 書 房

〒102-0072　東京都千代田区飯田橋1-9-3
営業部――――――TEL　03-3261-1111／FAX　03-5211-3300
編集部――――――TEL　03-3261-1112
振替口座　00170-4-84240
http://www.gakuyo.co.jp/

ブックデザイン／スタジオダンク　　カバー写真／©Masterfile/amanaimages
本文DTP制作／越海辰夫　　P52～55 デザイン・DTP制作／新後閑
印刷・製本／三省堂印刷

ISBN 978-4-313-65388-7　C0037